# Allah weent om Algiers

Nadia Dala
Wim De Neuter

# Allah weent om Algiers

## Algerije tussen militaire en islamitische dictatuur

icarus

*Ter nagedachtenis van Frantz Fanon, die als geen ander wist hoe wreedaardig het kolonialisme kon huishouden in zijn wingewesten.*

*Ter nagedachtenis van Tahar Djaout, het eerste slachtoffer van de grenzeloze haat, die de Algerijnse fundamentalisten koesteren jegens schrijvers, kunstenaars, intellectuelen en vrijdenkers.*

Redactie: Jos Liefrink
Omslagtekening: Michel Najjar
Omslagbelettering: Carine Cuypers
Vormgeving: Johan Buijs



Wettelijk depot: D/1995/0034/458
ISBN 90 02 19993 7
CIP
NUGI 641

# INHOUD

# Woord vooraf

In de jaren '80 waren de Palestijnen in Libanon er bijzonder beroerd aan toe. Hun kampen in het zuiden van het land en in de hoofdstad Beiroet werden in de zomer van 1982 maandenlang gebombardeerd door het Israëlische leger. Libanese extreem-rechtse milities trokken in september 1982 in Beiroet, onder het waakzame oog van de Israëlische militairen, de kampen Sabra en Chatila binnen. Ze richtten er een gruwelijk bloedbad aan. De jaren nadien lagen de Palestijnse kampen herhaaldelijk en soms maandenlang onder het vuur van door Syrië gesteunde milities. In die tijd kon je in de Palestijnse sloppenwijken van Beiroet vaak het cynische grapje horen over Allah, die VS-president Ronald Reagan, Sovjetleider Leonid Breznjev en PLO-voorzitter Yasser Arafat in audiëntie ontving.

Reagan vroeg aan Allah wanneer de eerste Amerikaan president van heel de wereld zou zijn.

'Binnen vijftig jaar', voorspelde Allah. En Reagan begon hartverscheurend te huilen. 'Waarom huilt u?' vroeg Allah.

'Omdat ik dat tijdens mijn leven niet meer zal kunnen meemaken', snikte Reagan.

Breznjev vroeg aan Allah wanneer de wereld volledig communistisch zou zijn.

'Binnen tweehonderd jaar', antwoordde Allah en Breznjev begon ook al te huilen.

'Ik zal dit tijdens mijn leven niet meer meemaken.'

Tenslotte was Arafat aan de beurt en vroeg:

'Wanneer zal mijn volk eindelijk een eigen onafhankelijke staat krijgen?'

En Allah begon hartverscheurend te wenen.

Een variante op dit grapje wordt vandaag verteld in Algiers, Oran en Tizi Ouzou. Alleen zijn Reagan, Breznjev en Arafat vervangen door Bill Clinton, Boris Jeltsin en de Algerijnse president Liamine Zeroual. Clinton stelt dezelfde vraag als zijn

voorganger Reagan en krijgt hetzelfde antwoord van Allah. De Russische president Boris Jeltsin wil van Allah horen wanneer Rusland even rijk en kapitalistisch zal zijn als de Verenigde Staten en krijgt hetzelfde antwoord als Leonid Breznjev: 'Binnen tweehonderd jaar.' En na de vraag van de Algerijnse president Liamine Zeroual wanneer in zijn land rust en democratie zullen heersen, barst Allah in tranen uit.
'Zwarte humor is de bekroning van de miserie', zei Louis Paul Boon ooit...

Al meer dan drie jaar zijn de 26 miljoen Algerijnen de gijzelaars van het politieke geweld. Wekelijks komen in Algerije 300 tot 500 mensen om bij terreuraanslagen van islamitische, fundamentalistische milities of bij vergeldingsacties van de Algerijnse strijdkrachten. De fundamentalisten hebben een ware slachting aangericht onder de intelligentsia: tientallen journalisten, schrijvers, theatermensen, populaire zangers, hoogleraren zijn de voorbije jaren, vaak op gruwelijke wijze, vermoord. De fundamentalistische milities slaan willekeurig en met een zelden geziene wreedheid toe. Ze snijden hun slachtoffers de keel af. Sommigen van hen worden onthoofd, anderen kwamen op beestachtige wijze aan hun einde, nadat ze door hun overvallers met een kettingzaag waren bewerkt. Hele bevolkingsgroepen worden geterroriseerd door de 'gekken van Allah', zoals de Algerijnen ze vaak noemen.
Vooral de vrouwen, die weinig voelen voor de religieuze ijver van de fundamentalisten en hun gebods- en verbodsbepalingen inzake hun rol in de maatschappij, hun minderwaardigheid ten opzichte van de man, hun plaats aan de haard en in de kinderkamer en hun kledij, lopen permanent gevaar. Mannen en vrouwen die met de grootste moed de principes van democratie en pluralisme verdedigen en het republikeinse gedachtengoed met zijn strikte scheiding van politiek en religie trouw blijven, verkeren vandaag voortdurend in levensgevaar.
Er waart inderdaad een spook door Algerije: dat van een dic-

tatoriale, totalitaire, islamitische staat.
De militaire leiders van het land blijven geloven in een harde aanpak van de fundamentalisten. Inmiddels hebben de Algerijnen al meer dan 30 000 doden begraven. De remedie van de militairen lijkt voor velen erger dan de kwaal.
Hoe is het mogelijk dat een van de modernste naties uit de gedekoloniseerde Arabische wereld zo snel is kunnen afglijden naar de chaos, de burgeroorlog en het islamitisch, fundamentalistisch obscurantisme?
Eenvoudige antwoorden op deze vraag zijn er niet. Stoerdoenerij en gespierde uitspraken zoals die van de voormalige Franse minister van Binnenlandse Zaken, Charles Pasqua ('er bestaan geen gematigde moslims') of die van NAVO-secretaris-generaal Willy Claes ('het fundamentalisme is de nieuwe vijand, zoals het communisme dat was ten tijde van de koude oorlog') verhullen meer de westerse onmacht tegenover en zelfs medeplichtigheid aan de opkomst van het islamitisch fundamentalisme, dan dat ze enig begrip of klaarheid over dit onrustwekkende fenomeen brengen.
Terwijl Charles Pasqua in de zomer van 1994 een grootscheepse politieactie op touw zette tegen de migranten in de grootste steden van Frankrijk, waarbij de identiteit werd gecontroleerd van tienduizenden Algerijnen, Marokkanen, Tunesiërs en andere Arabieren, zaten zijn gezanten in Khartoem rustig te onderhandelen over de uitlevering van de internationaal gezochte terrorist Carlos. De bevoorrechte gesprekspartner van Pasqua's gezanten was niemand minder dan Hassan Abdallah al-Tourabi, de ideoloog van het Soedanese fundamentalistische regime en een van de belangrijkste mentoren van het Algerijnse FIS.
Pasqua en Claes verzwijgen liever hoe Europa het islamitische fundamentalisme steeds heeft gebruikt om het Arabische nationalisme en alles wat binnen de moslimwereld streefde naar modernisme en onafhankelijkheid te bestrijden. De Britten steunden de moslimbroederschap (de oudste fundamentalistische organisatie in de Arabische wereld) tegen de Egyptische nationalistische leider Nasser. Toen de Iraanse nationalist

Mossadegh in de jaren '50 de olienijverheid wilde nationaliseren, kreeg hij niet alleen het Westen tegen zich, maar ook de jonge Khomeini, die de politiek van Washington en Londen bijzonder genegen was. Na de val van de sjah in 1979 verklaarde Valéry Giscard d'Estaing, op dat ogenblik president van Frankrijk: 'Om het communisme in te dammen, moeten we het confronteren met een andere ideologie. In het Westen hebben we op dit vlak niets meer te bieden, daarom steunen we vandaag de islam.'

Na vijftien jaar fundamentalistische dictatuur van de ayatollahs, is Duitsland nog steeds de belangrijkste handelspartner van Teheran. En ondanks de stevige antifundamentalistische retoriek en herhaalde oproepen tot economische boycot van Teheran zijn de Verenigde Staten onlangs opgeklommen tot de op twee na belangrijkste handelspartner van de Iraanse religieuze machthebbers.

De wahabieten van het Saoedische koningshuis behoren tot de meest puriteinse fundamentalisten uit de Arabische wereld. Zij passen de moslimwet in zijn hardste versie toe: stokslagen voor alcoholgebruik, amputatie van handen voor diefstal, doodstraf voor overspelige vrouwen, terechtstelling 'wegens godslastering', o.a. van de dichter Saduq Mellalah – drie jaar na de *fatwa* van Khomeini tegen die andere 'godslasteraar', Salman Rushdie. Toch blijven de Saoedische machthebbers de beste bondgenoten van de Verenigde Staten en Europa, ook al is het een publiek geheim dat zij het manna van hun miljoenen petrodollars kwistig blijven uitdelen aan allerlei fundamentalistische organisaties en genootschappen in de moslimwereld. Er zijn dus schijnbaar 'goede' en 'slechte' fundamentalisten.

De opkomst van de fundamentalisten van het FIS (Islamitisch Heilsfront), die tot de huidige Algerijnse tragedie heeft geleid, heeft meer dan één oorzaak.

Toen Frankrijk in 1962 – na 132 jaar kolonisatie en acht jaar bloedige onafhankelijkheidsoorlog met 1 miljoen slachtoffers – zijn laatste Noordafrikaanse kolonie moest prijsgeven, liet het in Algerije een sociaal-economische puinhoop achter. Het klandestiene, extreem-rechtse leger OAS (Organisation de l'armée secrète) had in de laatste oorlogsjaren belangrijke onderdelen van de koloniale infrastructuur opgeblazen. Parijs had in Algerije een zeer intensieve vorm van bevolkingskolonialisme in de praktijk gebracht. Bij de onafhankelijkheid verlieten honderdduizenden Franse kolonisten (*pieds-noirs*) in aller ijl het land. Ze hadden alle sleutelposten bekleed. Algerije verloor in enkele maanden tijd al het kaderpersoneel in landbouw en industrie, maar ook in het onderwijs en de administratie. De nieuwe Algerijnse machthebbers zijn er nooit in geslaagd alle gevolgen van deze bijzonder kwalijke koloniale erfenis uit de weg te ruimen.

De basis voor de frustraties, die een eerste keer tot uitbarsting kwamen bij het gewelddadig protest in oktober 1988 en die in 1991 en 1992 werden bevestigd door de verkiezingsoverwinningen van het fundamentalistische FIS, was al aanwezig op de eerste dag van de onafhankelijkheid van Algerije op 3 juli 1962. Politiek Frankrijk is dat inmiddels al lang vergeten. De koloniale politiek en de ravages, die erdoor werden aangericht in een land als Algerije, zijn al lang geen gespreksthema meer in Frankrijk. (Belgen en Nederlanders zijn al evenmin erg happig om aan het eigen, weinig fraaie, koloniale verleden in wingewesten als Kongo of Indonesië te worden herinnerd.)

Het Franse kolonialisme heeft in Algerije onherstelbare schade aangericht. Bijna dertig jaar wanbeleid van de eenheidspartij FLN deed de rest. Onder leiding van kolonel Houari Boumedienne, die in 1965 via een militaire putsch de legendarische verzetsheld, Ahmed Ben Bella, aan de dijk had gezet, trachtte het FLN Algerije op te bouwen tot een moderne natie. Met populistische en vage socialistische slogans werd het land op een dood spoor gezet. De industrie en de gas- en petroleumwinning kregen de absolute voorrang. De landbouw werd verwaarloosd. Bij de dood van Boumedienne in 1978 was Algerije gedwongen meer dan 60 pct. van zijn voedsel in het buitenland aan te kopen. De genationaliseerde industrie en de logge administratie, die ten tijde van Boumedienne waren ontstaan, brachten een nieuwe nomenklatoera voort. Onder Boumediennes opvolger, kolonel Chadli Bendjedid, kreeg deze nieuwe heersende klasse van bureaucraten en militairen alle kansen om zich via corruptie en regelrechte maffiapraktijken te verrijken. De kloof tussen het regime en de bijzonder snel aangroeiende bevolking werd alsmaar breder (bij de onafhankelijkheid in 1962 telde Algerije 9 miljoen inwoners, op het einde van de heerschappij van Chadli Bendjedid waren er 26 miljoen Algerijnse monden te voeden). De nieuwe Algerijnse heersende klasse en het politieke personeel van de eenheidspartij FLN bleken – ondanks de talloze hervormingsprogramma's en de al even talloze beloften tot spoedige beterschap – niet bij machte de elementaire noden (huisvesting, onderwijs, tewerkstelling) van de bevolking te lenigen.

Het economisch beleid onder Chadli Bendjedid zorgde in een mum van tijd voor een torenhoge buitenlandse schuld (op dit ogenblik 26,5 miljard dollar). En internationale organisaties als het IMF en de Wereldbank legden ook aan de Algerijnse machthebbers hun paarderemedies op: afbouw van de openbare sector (met een nog massalere werkloosheid als gevolg), herhaaldelijke devaluaties van de dinar, die de koopkracht van de bevolking nog verder aantastten.

De frustraties van een snel verarmende, steeds sterker verstedelijkte en in meerderheid jonge bevolking zijn de ideale voedingsbodem gebleken voor demagogen – in dit geval de religieuze fanatici van het FIS.

Na de bloedige opstanden in Algiers en andere grote steden in oktober 1988 was het regime van Chadli Bendjedid gedwongen politieke hervormingen aan te kondigen. De Algerijnse grondwet werd herzien en in 1989 werd in Algerije officieel het meerpartijenstelsel ingevoerd. Grondwettelijk bleef het in Algerije niettemin verboden confessionele partijen op te richten. Op 5 september 1989 legaliseerde de regering van premier Kasdi Merbah het FIS. Voor het oude FLN-regime was dit het begin van het einde en voor de 26 miljoen Algerijnen de

voorbode van de grote tragedie.
Zes jaar later wordt Algerije verscheurd door een nietsontziende oorlog tussen het leger van het oude regime en gewapende, radicale fundamentalistische milities. De nieuwe democratische krachten in het land worden samen met de rest van de bevolking verpletterd door de golf van terreur en geweld. Een oplossing, die het land uit de politieke impasse haalt en definitief de weg naar de democratie opent, lijkt met de dag minder reëel. De talloze pogingen om tot een 'nationale dialoog' te komen hebben tot hiertoe geen enkel resultaat gehad. Algerije blijft ondergedompeld in de nachtmerrie van moord en doodslag, terwijl de veteranen van het oude regime en de tenoren van de traditionele oppositie, zoals Aït Ahmed en Ben Bella, krampachtig op zoek zijn naar een soort 'historisch compromis' met de fundamentalisten van het FIS. Of zo'n compromis meer zal opleveren dan een ordinaire verdeling van de buit en de macht, blijft voorlopig de grote vraag. Inmiddels heeft Allah steeds meer redenen... om te wenen om Algiers.

*Wim De Neuter*
*Nadia Dala*
*september 1995*

# 1

## 'Een land van 1 miljoen martelaren'

Banale incidenten hebben af en toe verstrekkende gevolgen. De Algerijnen hebben het geweten. Tijdens een fikse ruzie over een onbenullige centenkwestie ging Hoessein, de dey van Algiers, op 27 april 1827 de Franse consul Duval te lijf met zijn... vliegemepper. De Franse diplomaat voelde zich verschrikkelijk beledigd. De regering in Parijs eiste verontschuldigingen van de dey – zeg maar stadhouder of gouverneur van Algiers, want op dat ogenblik maakte Algerije nog deel uit van het Ottomaanse (Turkse) Rijk.
Algerije was in 1510, na een aantal jaren oorlog tussen de Spanjaarden en islamitische kustbewoners en zeevaarders door Chayr ad-Din – een door de Spanjaarden erg geduchte tegenstander, die ze met de bijnaam 'Barbarossa' bedachten –, onder het bestuur van de Turkse sultan Soeleiman de Grote geplaatst. Officieel was Algerije onderdeel van het Ottomaanse Rijk, maar de Turkse sultan had niet meer dan symbolisch gezag. En de dey van Algiers beschikte over een vrij grote autonomie.

Na het potsierlijke incident tussen de Franse consul en dey Hoessein, die weigerde zijn verontschuldigingen aan te bieden aan Parijs, kwam het tot een reeks incidenten. De Fransen kondigden een maritieme blokkade af tegen Algiers. De troepen van de dey legden daarop de Franse handelsmissies in Bône en La Calle in de as. In 1830 escaleerde het conflict pas goed. Een oorlogsschip van de Franse marine werd door de kanonniers van de dey onder vuur genomen. In Parijs beslisten koning Karel X, een Bourbon, en zijn regering onder leiding van Polignac een strafexpeditie naar Algiers te sturen. Op 5 juli 1830 rekende de 37 000 man sterke Franse expeditiemacht af met het slecht bewapende leger van de dey en zijn schoonbroer Aga Ibrahim. De 50 000 soldaten van de dey gaven na een reeks zware nederlagen Algiers op. De dey, en met hem nog andere hoogwaardigheidsbekleders van het Ottomaanse Rijk, werden in ballingschap naar Turkije gestuurd.

Voor de Franse koning en zijn regering was de beslissing om Algerije te bezetten duidelijk politiek geïnspireerd. De bleke monarchie van Karel X zat in een onoplosbare crisis en kon via een overwinning in een koloniale oorlog haar internationaal prestige wat opschroeven. En, evenmin onbelangrijk, met de expeditie tegen Algiers kon Karel X in het toen zeer woelige Europa een overzeese kolonie aan de Franse kroon toevoegen.

Maar enkele weken na de val van Algiers was het uit met zijn rijk. Koning Karel X werd gedwongen in ballingschap te gaan. Frankrijk bleef erg woelige jaren kennen en de crisis liet ook haar sporen na in het pas veroverde Algiers. Onder Louis-Philippe, de opvolger van Karel X, bestond in Parijs weliswaar de politieke wil om heel Algerije te veroveren en te koloniseren. Maar zowel binnen de regeringen van koning Louis-Philippe, als binnen het leger, dat geleid werd door de machtige maarschalk Clauzel, bestonden er ernstige meningsverschillen over de kolonisering. Clauzel was voorstander van een militaire expeditie, die heel het land onder Frans bestuur moest brengen. Maar invloedrijke generaals als Damrémont en Valée vonden een gedeeltelijke bezetting van Algerije – meer bepaald de noordelijke kuststreek en -steden – voldoende om de invloed van Parijs te bestendigen. Merkwaardig genoeg ontstond er in die jaren in Frankrijk een 'parti anticoloniste'. De partij werd geleid door de economist Hyppolyte Passy, een man die steeds maar bleef hameren op de extreem hoge kosten van een kolonisatie in Algerije. Passy was trouwens een typische woordvoerder van een niet onbelangrijke stroming in het toenmalige politieke Frankrijk. Zij waren pleitbezorgers van een absolute vrije handel en wilden tegen elke prijs herrie vermijden met Londen, dat Franse militaire avonturen in een gebied als Noord-Afrika kon missen als kiespijn.

De eerste tien jaar na de val van Algiers in 1830 zouden gekenmerkt blijven door een weifelend Frans beleid. Nu eens stuurde maarschalk Clauzel expeditietroepen om orde op zaken te stellen. Dan weer trachtte Parijs het op een akkoordje te gooien met plaatselijke Algerijnse leiders en invloedrijke stamhoofden. Zo werd maarschalk Clauzel in februari 1837 uit Algerije teruggeroepen en enkele maanden later ondertekende Parijs het Verdrag van Tafna, waarbij emir Abd al-Kader de soevereiniteit verwierf over nagenoeg twee derde van het Algerijnse grondgebied. Abd al-Kader was niet alleen een geducht krijger, maar ook een zeer populair volksmenner en een aalglad onderhandelaar. De emir was een veelzijdig man: islamitisch mysticus en puritein enerzijds en modernist anderzijds. Zo toonde hij tijdens een bezoek aan België heel wat belangstelling voor de nieuwste ontwikkelingen in de industrie en de technologie. Van zijn verblijf maakte hij bijvoorbeeld gebruik om de ateliers van Adolphe Sax, de uitvinder van de saxofoon, in Dinant te bezichtigen. In Algerije was hij er dankzij zijn islamitische redevoeringen in geslaagd een hele reeks belangrijke stammen achter zich te scharen. In geen tijd had de emir een verbluffend moderne staatsstructuur uit de grond gestampt, waarover hij dus in 1837, via een verdrag met de Fransen, de soevereiniteit verwierf.

Abd al-Kader begreep natuurlijk dat de Fransen de economisch interessantste gebieden – de noordelijke kuststreek – onder hun controle hadden gebracht. 'De vader van het vaderland', zoals de emir ook vandaag nog steeds in Algerije wordt genoemd, had ook wel in de gaten hoe belangrijk en machtig de Franse (en andere Europese) kolonisten werden in het gebied dat door de Franse troepen werd beheerst.

In 1840 riep Abd al-Kader de moslims op tot de heilige oorlog tegen de vreemde bezetters. De rebellie van de Algerijnen dwong de regering in Parijs uiteindelijk een duidelijke keuze te maken: ofwel Algerije definitief ontruimen, ofwel de grote militaire middelen inzetten en heel het land onder Frans koloniaal bestuur brengen. En in het toenmalige Parijs liepen er nogal wat sabelslepers rond, die duidelijk voor de tweede optie kozen: de rebellie neerslaan en Algerije definitief veroveren. Een van de uitgesproken voorstanders van een harde militaire interventie was Adolphe Thiers. In 1840 – enkele maanden voor het begin van de Algerijnse opstand – was hij opnieuw premier geworden. Eenendertig jaar later zouden de Parijzenaars zelf aan den lijve ondervinden dat Thiers een man van de harde aanpak was, toen hij in 1871 de Commune van Parijs in bloed smoorde, met de hulp zowaar van de troepen van de eeuwige aartsrivaal: Pruisen.

Thiers gaf generaal Bugeaud de opdracht de opstand van Abd al-Kader neer te slaan. De generaal zou er zeven jaar voor nodig hebben, maar hij pakte de zaken zeer grondig aan. Bugeaud werd tijdens zijn militaire missie de grondlegger voor de strategie, die de Franse troepen honderd jaar later op nog grotere schaal zouden toepassen tijdens de Algerijnse onafhankelijkheidsoorlog (1954-1962).[1] In tegenstelling tot zijn voorganger, maarschalk Clauzel, maakte hij komaf met de grote, logge Franse militaire kolonnes, die weliswaar rake klappen konden uitdelen aan de tegenstander, maar nadien nauwelijks in staat leken het veroverde grondgebied blijvend te controleren. Bugeaud koos resoluut voor troepenconcentraties in grote garnizoenen, van waaruit lichte en mobiele eenheden konden opereren. En het optreden van Bugeauds troepen ging steevast gepaard met een genadeloze repressie en een systematische tactiek van de verschroeide aarde. Zijn manschappen brandden dorpen en gehuchten plat, terroriseerden de bevolking met een nooit geziene brutaliteit, legden beslag op de oogst en de veestapel om op die manier de verschillende stammen murw te krijgen, zodat ze hun steun aan de opstandelingen van Abd al-Kader zouden staken. In een mum van tijd bouwde generaal Bugeaud een van de geduchtste wapens uit de Franse koloniale geschiedenis op: het *Armée d'Afrique*, dat in 1845 al 108 000 manschappen telde (één kwart van de totale Franse troepensterkte van dat ogenblik). Het Armée d'Afrique was een bijzonder gedisciplineerd korps, dat lang voordat de term ingeburgerd raakte, de tactiek van de anti-guerrilla (*counterinsurgency* heet dat in het hedendaagse militaire jargon) beheerste. Een van Bugeauds belangrijkste officieren, Pélissier, rookte tijdens een van de talloze razzia's honderden Algerijnse burgers uit, die op de vlucht waren voor het troepengeweld en een schuiloord hadden gevonden in de grotten in de buurt van Dahra. Bij de controle van het pas veroverde – en grondig verwoeste – gebied ging Bugeaud te werk als een Romeinse veldheer. Ex-militairen kregen uitgestrekte landerijen onder hun hoede. Tegelijk werden er in Algerije massaal nieuwe kolonisten aangevoerd, die zich vestigden op het land, dat door de Franse troepen was onteigend.

Op 23 december 1847 werd de methode-Bugeaud definitief met succes bekroond. Emir Abd al-Kader moest de duimen leggen. Alles was klaar voor de grootscheepse kolonisatie van Algerije. Het land was op menselijk en economisch vlak na zeven jaar oorlog volledig leeggebloed. De nederlaag van Abd al-Kader viel bovendien samen met een reeks epidemieën (o.a. cholera), die onder de Algerijnse bevolking honderdduizenden slachtoffers moet hebben gemaakt. Die ziekten zouden het land nog tot in 1851 blijven teisteren. Van de 20 000 Franse werkloze arbeiders, die na de overwinning op Abd al-Kader naar Algerije werden verscheept, viel het grootste deel ten prooi aan koorts en cholera. De overlevenden van dat bataljon armoezaaiers lieten zich snel weer repatriëren.
Alhoewel Bugeaud zichzelf op de eerste plaats als een briljant militair beschouwde en minder als een kolonisator, bleek zijn aanpak bijzonder doortastend: op het ogenblik van de nederlaag van de Algerijnse opstandelingen hadden zijn troepen meer dan 1500 kilometer nieuwe wegen aangelegd, 110 000 Europese kolonisten hadden zich inmiddels in Algerije gevestigd (waarvan 47 000 Fransen). Het zou nog meer dan tien jaar en ettelijke strafexpedities vergen vooraleer alle verzet van de diverse Algerijnse stammen gebroken was – vooral de Berbers

in Kabylië en de Toeareg in de woestijngebieden in het uitgestrekte achterland bleven hardnekkige krijgers. Maar na de nederlaag van Abd al-Kader was het lot van Algerije voor de eerstkomende honderd jaar bezegeld.

De Franse en Europese kolonisten – gesteund door het militaire bestuur – trokken de macht aan zich. Ze werden de grondleggers van het begrip *Algérie française*, dat de Algerijnen in de 19e en 20e eeuw nog veel bloed en tranen zou kosten. In 1871 voelden de Algerijnen zich heel even gesterkt door de zware verliezen die Frankrijk had geleden in zijn oorlog met Duitsland. Onder leiding van Bachagha Moqrani waagden zij zich aan een nieuwe opstand tegen de Franse overheersing. Ook deze rebellie werd neergeslagen. Het zou tot 1954 duren vooraleer het Algerijnse nationalistische verzet zich opnieuw zou roeren.
Ook na de mislukte opstand van 1871 gingen de Fransen over tot massale landonteigeningen. Stilaan zou het koloniale systeem vaste vorm krijgen in Algerije en zou de Algerijnse economie volledig worden worden afgestemd op Frankrijk. Bij het begin van de Algerijnse onafhankelijkheidsoorlog bezaten de kolonisten 2 703 000 hectaren grond, de Franse staat was eigenaar van nog eens 11 000 000 hectaren en voor de Algerijnse boeren bleef er 7 000 000 hectaren over, meestal waardeloze, onvruchtbare woestijngrond.

In zijn essay *Het kolonialisme is een systeem*[2] toonde Jean-Paul Sartre in 1956 aan dat het Franse kolonialisme in Algerije allesbehalve een 'abstract mechanisme' was. 'Het systeem leeft, het functioneert: de vicieuze cirkel van het kolonialisme is een tastbare werkelijkheid', schreef Sartre. 'Deze werkelijkheid is geïncarneerd in een miljoen kolonisten, kinderen en kleinkinderen van kolonisten, die door het koloniaal systeem gemodelleerd zijn, en die denken, praten en handelen volgens de principes van het kolonialisme. Want kolonisten worden op dezelfde manier gevormd als een inheemse bevolking: zij worden bepaald door hun functie en belangen. Door het koloniale contract met het moederland verbonden, is de kolonist gekomen om tegen hoge winst produkten van het gekoloniseerde land te verhandelen. Hij heeft zelfs nieuwe gewassen geteeld, die veel meer op de Franse dan op de Algerijnse behoeften zijn afgestemd. Hij heeft daarom ook een ambivalente en tegenstrijdige natuur. Hij heeft een land van herkomst, Frankrijk, en een land waarin hij woont, Algerije. In Algerije vertegenwoordigt hij Frankrijk, en wil alleen met Frankrijk geïdentificeerd worden. Zijn economische belangen dwingen hem echter een vijandige houding aan te nemen tegenover de politieke instellingen van zijn vaderland. Het Franse stelsel is een burgerlijke democratie, gebaseerd op het liberalistisch kapitalisme. Dat houdt in: algemeen kiesrecht, vrijheid van vereniging, vrijheid van drukpers. De kolonist, wiens belangen diametraal tegengesteld zijn aan die van de Algerijnen, en die zijn hoge winsten alleen maar door middel van geweld kan blijven handhaven, kan deze rechten alleen aan zichzelf toestaan en er in Frankrijk temidden van de Fransen van genieten. Om deze reden is hij fel gekant tegen de opvatting dat de politieke instellingen van het moederland algemene geldigheid zouden bezitten. Want als zij voor iedereen zouden gelden, zouden de Algerijnen ze ook kunnen opeisen. Een van de functies van het racisme is compensatie voor het latente universalisme van het burgerlijk liberalisme: daar alle mensen gelijke rechten hebben, maakt men van de Algerijn een Untermensch. En omdat hij de instellingen van zijn vaderland, die zijn medeburgers ook op "zijn" land willen toepassen, niet kan aanvaarden, bestaat er bij elke kolonist een tendens tot afscheiding.'

En Sartre voegde eraan toe: 'Deze tegenstrijdigheid wordt pas goed duidelijk, wanneer de kolonist uiteenzet dat de Europeanen te midden van de moslims een geïsoleerde positie innemen, en dat er een krachtsverhouding van negen op één bestaat. Zijn isolement is er de oorzaak van dat hij iedere regeling, die de macht aan de meerderheid zou geven, afwijst. En juist daarom kan hij zich uitsluitend door middel van geweld handhaven. Om deze reden – en omdat de krachtsverhouding alleen maar in zijn nadeel kan werken – heeft hij echter de macht van het moederland, dat wil zeggen het Franse leger, nodig, zodat deze separatisten tevens fervente patriotten zijn. Republikeins in Frankrijk – zolang onze instellingen hen tenminste niet verhinderen in ons land een politieke macht te vormen – zijn zij in Algerije fascisten, die de republiek haten en het republikeinse leger hartstochtelijk lief hebben.'

En Jean-Paul Sartre stelde de ietwat retorische vraag: 'Kunnen zij anders zijn?' En zijn antwoord op deze vraag was kort en krachtig: 'Neen, zolang zij kolonist blijven.' In Algerije woedde de onafhankelijkheidsoorlog op dat ogenblik in alle hevigheid. Sartre deed toen volgende profetische vaststelling: 'De enige goede kant van het kolonialisme is dat het onverzoenlijk moet zijn om zich te kunnen handhaven, en dat deze onverzoenlijkheid de oorzaak van zijn ondergang wordt.'

De stelling van Jean-Paul Sartre over het Franse kolonialisme in Algerije verklaart dan ook waarom de kolonisatie van dit land zo brutaal en medogenloos was en waarom de dekolonisatie en de onafhankelijkheidsstrijd van de Algerijnen zulke moeizame processen waren.

Mohammed Harbi was pas vijftien jaar oud toen hij zich in 1948 aansloot bij de Parti du Peuple algérien (PPA – Partij van het Algerijnse Volk) van de legendarische nationalistische leider Messali Hadj. In 1954 na het begin van de gewapende opstand in Algerije koos Harbi definitief de kant van het FLN (Front de libération nationale of Nationaal Bevrijdingsfront). Hij werd secretaris-generaal van de Vereniging van Noordafrikaanse studenten, die tijdens de onafhankelijkheidsoorlog een belangrijke rol speelde in Frankrijk. Harbi was in mei 1961 rechtstreeks betrokken bij de eerste onderhandelingen tussen de Franse regering en de Algerijnse nationalisten van het FLN in Evian. Na de onafhankelijkheid van Algerije kwam hij snel in aanvaring met de nieuwe leiders van het land. In 1965 verzette hij zich openlijk tegen de staatsgreep van kolonel Houari Boumedienne. Dat kostte hem (zonder enige vorm van proces) vijf jaar cel. Later werd hij onder huisarrest geplaatst en in 1973 kon hij uiteindelijk uitwijken naar Frankrijk, waar hij vandaag politieke wetenschappen doceert aan de Université Paris-VIII. Harbi geldt als een van de belangrijkste historici van het Algerijnse nationalisme. Volgens hem zijn er diverse redenen aan te voeren waarom de Algerijnse onafhankelijkheidsstrijd zo moeizaam is verlopen en waarom de nationalistische beweging van Messali Hadj en later van het FLN steeds gekenmerkt was door diepe verdeeldheid. 'Het is onmogelijk de betekenis van de opgang en de verscheurdheid van het volkse nationalisme te begrijpen als men niet uitgaat van de bijzondere kenmerken van de ontwikkeling van Algerije', stelt Mohammed Harbi[3]. 'Het eerste kenmerk, dat de maatschappij tekent, was het totalitaire karakter van een buitenlandse overheersing, die nog werd versterkt door de aanwezigheid van een Europese bevolking. Voor de Tweede Wereldoorlog hadden de kolonisten de hand gelegd op de rijkste en meest produktieve gronden (65 pct. van de totale landbouwoppervlakte). Het Franse kapitalisme, dat de banken, de handel en de industrie controleerde, had het monopolie over de Algerijnse markt. De omkadering van het land was nagenoeg exclusief Europees. Bovendien oefende de koloniale staat een totale greep uit op de culturele en religieuze activiteiten van de Algerijnse gemeenschap. Door de verfransing werden de Arabische cultuur en de islam ontworteld. De gevolgen van deze toestand waren tweeërlei. Enerzijds veroorzaakten het geweld en de omvang van de onteigeningen een nagenoeg volledige verpaupering, waardoor er een identificatie ontstond tussen de gedomineerde natie en de uitgebuite klassen. Anderzijds maakte het verzet tegen het kolonialisme geen onderscheid tussen maatschappelijke, culturele of religieuze doelstellingen. Het recht om zijn taal te leren, in alle vrijheid zijn godsdienst te beleven of zijn cultureel verleden te leren kennen waren evenveel manieren om duidelijk te maken dat men de koloniale uitbuiting niet aanvaardde en ze vormden gunstige voorwaarden voor de ontwikkeling van een populisme, dat de traditie respecteert.'

Tweede belangrijk kenmerk van de Algerijnse koloniale maatschappij is volgens Mohammed Harbi, de volledige 'assimilatie van Algerije onder Frankrijk'. In 1848 werd het land in departementen opgedeeld en ging volledig op in de politieke eenheid van de Franse staat. Vanaf 1881 waren de Franse ministeries rechtstreeks bevoegd voor het bestuur van Algerije. En vanaf 1898 kreeg Algerije autonomie over zijn eigen begroting. De zogenaamde *délégations financières* (raden, die moesten waken over de Algerijnse begroting en die volledig gedomineerd werden door de kolonisten) werden dat jaar geïnstalleerd. Deze raden zouden blijven functioneren tot in 1947. In Algerije bouwden de Fransen een politiek en economisch systeem op, waarbij de minderheid van Franse en Europese kolonisten de absolute politieke meerderheid bezat. De assimilatie op bestuurlijk vlak verliep anders in de steden dan op het platteland. De grote steden met een grote Europese bevolking waren gewoon Franse steden. Op het platteland werden de zogenaamde *communes mixtes* (gemengde gemeenten) opgericht, die geleid werden door een Franse bestuurder, bijgestaan door plaatselijke, Algerijnse ambtenaren, de *caïds*. Het Franse koloniale systeem steunde met andere woorden op de traditionele structuur, die dateerde uit de Ottomaans-Turkse tijd. De caïds waren plaatselijke notabelen, die de bevolking domineerden.

Derde belangrijk kenmerk van de Algerijnse koloniale maatschappij was de 'maatschappelijke versnippering', aldus Mohammed Harbi. Een zeer beperkte groep van Algerijnse notabelen op het platteland en enkele invloedrijke families in de grote steden beschikten over belangrijke privilegies. Maar echt invloed kon deze Algerijnse bourgeoisie nauwelijks uitoefenen. De rest van het Algerijnse volk was uitgesloten van elke deelneming aan de politieke besluitvorming. De *code de l'indigénat* (letterlijk: 'code van het inboorlingendom') legde de Algerijnen verbod op zich vrij te bewegen in hun land. In die omstandigheden werd het bijzonder moeilijk op een georganiseerde manier verzet te plegen of een goed gestructureerde verzetsbeweging uit de grond te stampen. 'De Algerijnse natie miste elke maatschappelijke en culturele cohesie', stelt Mohammed Harbi. Het is dan ook niet verwonderlijk dat de nationalistische beweging, die een eigen Algerijnse identiteit opeiste en de onafhankelijkheid van het land als belangrijkste politieke eis naar voren schoof, niet in Algerije, maar in Frankrijk ontstond, onder de tienduizenden Algerijnse arbeidersmigranten.

De Beweging van de Jonge Algerijnen, die in het begin van deze eeuw enige invloed had, en de Federatie van Verkozenen van Constantine van dokter Bendjelloul en Ferhat Abbas later op het einde van de jaren '20 stelden zich uiterst gematigd op: zij waren voorstanders van de volledige assimilatie van de Algerijnen. De eis tot onafhankelijkheid was hen volkomen vreemd. Tot drie maal toe in 1927, in 1933 en in 1936 (ten tijde van de linkse Volksfrontregering van Léon Blum) onderhandelde Ferhat Abbas tevergeefs met de Fransen over een voorstel om de Algerijnen stemrecht te verlenen en in te schrijven op de Franse kieslijsten. Ook de Beweging van de Oelema's (de invloedrijke 'doctors in het islamitisch recht') beperkte zich enkel tot de eis van een grotere politieke participatie van de Algerijnen. Zij waren nog steeds erg verknocht aan de bestaande, traditionele, hiërarchische structuren van het land en de eis tot onafhankelijkheid ging de oelema's veel te ver.

Mohammed Harbi wijst erop dat de bijzondere situatie van de Algerijnse boeren een niet geringe invloed heeft gehad op het ontstaan van de nationalistische beweging in Algerije. De kolonisering had vooral de plattelandsbevolking zwaar getroffen. De voortdurende crisis in de Algerijnse landbouwsector en de snelle demografische ontwikkeling (zonder dat de bronnen van inkomsten toenamen) plaatsten de Algerijnse boeren en landarbeiders voor de keuze: ofwel uitwijken naar de rijke landerijen van de kolonisten, ofwel uitwijken naar de grote steden, ofwel emigreren naar Frankrijk of de onmiddellijke buurlanden Marokko en Tunesië. 'Deze migratiebewegingen hadden een aanzienlijke invloed op politiek en sociaal vlak', stelt Harbi. 'Het begrip natie werd toegankelijk. De notie "volk" verving stilaan de stam, de partij, het religieuze genootschap. De arme boerenzonen, die uitgesloten werden uit de officiële maatschappij, keerden zich in de emigratie of in de steden af van de bestaande gematigde politieke stromingen. Deze armen en ontwortelden zouden het gros van de troepen leveren voor een populistische, nationalistische beweging.'

En die ontstond, zoals reeds aangestipt, niet in Algerije, maar onder de Algerijnse migranten in Frankrijk. In 1926 stichtte Messali Hadj de Étoile nord-africaine (ENA), eigenlijk een Algerijnse afdeling van de PCF, de Franse communistische partij. Tijdens de Eerste Wereldoorlog had deze straatarme boerenzoon uit de buurt van Tlemcen, zijn legerdienst geklopt in Frankrijk, waar hij zich nadien definitief vestigde. Hij kwam afwisselend aan de kost als klusjesman of marktkramer en sloot zich bij de PCF aan. Binnen de ENA bestonden vanaf het begin twee diametraal tegenovergestelde tendensen. De aanhangers van de officiële lijn van de PCF, die de onafhankelijkheid van Algerije ondergeschikt maakte aan 'de strijd van de arbeidersklasse voor het socialisme in Frankrijk', kwamen snel in conflict met de populistische strekking van Messali Hadj, die de onafhankelijkheid van Algerije en de afschaffing van het koloniale systeem verdedigde met een sterk Arabisch-islamitisch discours. In zijn jonge jaren, voor zijn vertrek naar Frankrijk, was Messali Hadj lid geweest van de religieuze broederschap van de Derkaoua, die droomden van een utopisch rijk, waar geen armen en rijken zouden bestaan. De broederschap stond met andere woorden voor een vaag Arabisch, islamitisch geïnspireerd socialisme. En die invloeden waren ook duidelijk te merken, toen Messali Hadj op 25 februari 1927 tijdens zijn 'anti-imperialistisch congres' in Brussel zijn programma ontvouwde.

Messali eiste de onmiddellijke afschaffing van de *code de l'indigénat* en van alle uitzonderingsmaatregelen, amnestie voor alle politieke gevangenen, volledige politieke en syndicale rechten voor alle Algerijnen, persvrijheid en vrijheid van vereniging; de toegang zonder enige vorm van discriminatie van alle Algerijnen tot het openbaar ambt, gelijke lonen voor iedereen, recht op werklozensteun en kinderbijslag. Op politiek vlak eiste hij de afschaffing van de *communes mixtes* en de militaire zones en hun vervanging door rechtstreeks verkozen gemeenteraden; de afschaffing van de *Délégations financières* en hun vervanging door een rechtstreeks verkozen nationaal parlement. Het programma van de ENA eiste ook gratis onderwijs in het Arabisch.
De belangrijkste politieke eis in het ENA-programma was evenwel 'de totale onafhankelijkheid van Algerije en de totale terugtrekking van de bezettingstroepen'. De ENA riep op tot de 'vorming van een nationale revolutionaire regering, een nationaal leger en een rechtstreeks verkozen nationale grondwetgevende vergadering'. En tenslotte moesten 'alle bezittingen van de Fransen worden onteigend' (banken, mijnen, spoorwegen, havens en landerijen).
Met dit populistisch, nationalistisch programma won Messali Hadj snel aan invloed onder de Algerijnse migranten in Frankrijk. Maar in Algerije zelf bleef de inplanting van de messalisten voorlopig nog zwak.

In Frankrijk zouden de radicale, nationalistische denkbeelden van de ENA snel leiden tot een breuk met de communisten. In 1933 was die breuk definitief. En het werd van kwaad tot erger in de relaties tussen de ENA en de traditionele Franse linkerzijde. Messali Hadj was in 1936 teruggekeerd naar Algerije, waar hij zijn organisatie in snel tempo uitbouwde. In

minder dan geen tijd had hij tientallen plaatselijke afdelingen opgericht en sloten duizenden (voornamelijk jonge) militanten zich bij de beweging aan. Nog in 1936 had het linkse Volksfront van communisten en socialisten de verkiezingen gewonnen en kwam Léon Blum aan de macht. De regering-Blum stond onder zeer sterke druk van de Franse kolonisten in Algerije.
En de relaties tussen de Franse linkerzijde en de ENA waren dermate verslechterd dat de regering-Blum de ENA op 27 januari 1937 buiten de wet stelde. Messali Hadj was gedwongen onder een andere naam te opereren. Op 11 maart 1937 legde hij in het Franse Nanterre de statuten neer van zijn nieuwe Partij van het Algerijnse Volk (PPA). Maar ook de PPA was geen lang legaal leven beschoren. In september 1939 werd ook deze partij verboden. Messali Hadj verdween voor twee jaar in de gevangenis, van waaruit hij zijn inmiddels verboden partij bleef leiden. Heel wat van Messali's medestanders werden het slachtoffer van de bikkelharde repressie van de Fransen. Tientallen kaderleden van de PPA stierven als gevolg van de folteringen en de slechte behandeling in de gevangenissen.

Met het uitbreken van de Tweede Wereldoorlog en de landing van de geallieerde troepen in 1942 in Algerije (de Britten en Amerikanen wilden hoe dan ook beletten dat het land in de invloedssfeer van nazi-Duitsland of van hun Franse handlangers van het collaborateursregime van maarschalk Pétain in Vichy zou belanden). Zo kwam Algerije in een bijzonder vreemde situatie terecht. De overgrote meerderheid van Franse kolonisten stak zijn sympathie voor het totalitaire, fascistisch gezinde regime van Pétain nauwelijks onder stoelen of banken. Een aantal kaderleden van Messali's partij rekende van hun kant ook op Duitse steun om een gewapende opstand te beginnen. Deze fractie werd door Messali Hadj resoluut geroyeerd. En de traditionele gematigde politici zoals Ferhat Abbas hoopten het op een akkoord te kunnen gooien met de geallieerden om in Algerije een met Frankrijk gelieerde federale staat op te richten. Op het terrein zelf werden de rangen van de messalisten stevig aangevuld met een heel nieuwe generatie van militanten. De vertegenwoordigers van de emigratie hadden het al lang niet meer voor het zeggen. Intellectuelen, handelaars, studenten, jonge militanten uit de steden namen meer en meer de fakkel van het nationalisme over. Zij stuurden aan op een snelle start van een opstand, die nog voor het einde van de wereldoorlog zou moeten leiden tot de onafhankelijkheid. Messali Hadj bleef weliswaar de onbetwiste en nog steeds zeer autoritaire leider. Maar de PPA verloor wel alle samenhang. Vreemder nog, in 1944 sloten Ferhat Abbas, Messali Hadj en Cheikh Ibrahimi, de vertegenwoordiger van de oelema's, een verbond, dat luisterde naar de naam Les Amis du manifeste et de la liberté (AML of Vrienden van het Manifest en de Vrijheid). Het jaar voordien had Ferhat Abbas – na onderhandelingen met Richard Murphy, de speciale gezant van VS-president Roosevelt in Algiers – het *Manifest van het Algerijnse volk* gepubliceerd, waarin werd opgeroepen tot de oprichting van een autonome Algerijnse staat, die een federatie met Frankrijk zou blijven vormen. Het voorstel van de gematigden werd ogenblikkelijk gekelderd door de nieuwe Franse gouverneur in Algerije, generaal Catroux, een vertrouweling van generaal de Gaulle. De Fransen deden daarop het tegenvoorstel – de ordonnantie van 7 maart 1944 – om aan 65 000 Algerijnen het Frans staatsburgerschap te verlenen en twee vijfde van de beschikbare zetels in de lokale raden voor hen te reserveren. Zelfs voor de meest gematigden was dit voorstel volstrekt ontoereikend.

Door een verbond te sluiten met Ferhat Abbas en de oelema's hoopte Messali Hadj de absolute leider te worden van de nationalistische beweging en zo snel mogelijk alle plannen van de gematigden om met de Fransen tot een compromis te komen te verijdelen. De klandestiene PPA was uiteraard de sterkste kracht binnen de AML. In maart 1945, tijdens het congres van de AML, werden alle plannen voor een autonome, met Frankrijk gefedereerde staat naar de prullemand verwezen. 'Nationale onafhankelijkheid', zo luidde het motto voortaan. Messali Hadj werd als de grote leider bevestigd. Zijn sterk geradicaliseerde, jonge achterban vond dat de tijd rijp was om tot de opstand over te gaan. Maar de PPA, noch de AML waren er klaar voor of hadden enig concreet actieplan uitgewerkt.

Op 8 mei 1945 had Messali Hadj zijn volgelingen opgeroepen om op de dag van de capitulatie van nazi-Duitsland en het officiële einde van de Tweede Wereldoorlog massaal te betogen voor de onafhankelijkheid. Het werd een van de zwartste bladzijden uit de Algerijnse geschiedenis. In Sétif vielen de betogers Franse kolonisten aan. Bij deze gewelduitbarsting kwamen 21 Fransen om. Ook in Guelma, Bône en Batna vielen Franse slachtoffers. De repressie van het Franse leger en de politie was van een nooit geziene brutaliteit. Generaal Duval, de bevelhebber van de streek rond Constantine, stuurde duizenden manschappen het veld in om het opstandige gebied schoon te vegen. De luchtmacht en de marine voerden nietsontziende bombardementen uit. Het precieze aantal slachtoffers van deze wraakacties heeft men nooit met zekerheid achterhaald. Volgens de PPA vielen er op die zwarte 8 mei 1945 minstens 40 000 slachtoffers. Een cijfer dat wellicht overdreven is. Maar het officiële Franse cijfer (1500 slachtoffers in het totaal) was ronduit belachelijk. De slachting onder de Algerijnse nationalisten was bijzonder groot en zou nooit meer weg te branden zijn uit het collectieve geheugen van de Algerijnen. Eigenlijk begon de oorlog in Algerije op de dag dat de Tweede Wereldoorlog officieel werd beslecht met de capitulatie van nazi-Duitsland: 8 mei 1945.

Voor de in meerderheid jonge militanten van het messalistische kamp was de slachtpartij van 8 mei het ultieme bewijs dat er snel tot een algemene gewapende opstand moest worden overgegaan. Het bondgenootschap van Ferhat Abbas, de man van de stedelijke bourgeoisie, en de populist en nationalist Messali Hadj, overleefde de klap van 8 mei niet. Ferhat Abbas richtte zijn eigen partij op, de Union démocratique du manifeste algérien (UDMA of Democratische Unie van het Algerijnse Manifest) om te kunnen deelnemen aan de verkiezingen van november 1946. De messalisten wilden van geen 'Franse' verkiezingen weten. Maar het al dan niet boycotten van het verkiezingsproces zou al snel een niet onbelangrijke splijtzwam betekenen voor de partij van Messali. Na een amnestie in 1946 keerde Messali Hadj terug op het politieke toneel. Hij richtte de Mouvement pour le triomphe des libertés démocratiques (MTLD) op, om ondanks het verbod van zijn PPA toch aan de komende verkiezingen te kunnen deelnemen.

Voor het nationalistische kamp in Algerije braken verwarde tijden aan. Enerzijds bleef er de sterke rivaliteit tussen het gematigde, burgerlijke en compromisbereide UDMA van Ferhat Abbas en de messalisten, die voortaan als MTLD door het leven gingen. Anderzijds viel de messalistische partij ten prooi aan fractiestrijd tussen clans en leiders, tussen aanhangers van de legale weg en voorstanders van de gewapende opstand. De MTLD zou zijn diepe verdeeldheid nooit meer te boven komen. In een poging om de rangen te sluiten, na ettelijke jaren van ernstige interne spanningen en crisis, riep Messali Hadj in juli 1954 een congres bijeen. Het had plaats in België, in het Borinagedorpje Hornu[4]. De breuk binnen de MTLD was niet meer te lijmen. Drie maanden later, op 1 november 1954, riep een groep van 33 radicale leiders – onder hen de in 1992 vermoorde Mohammed Boudiaf, de Kabylische leider Aït Ahmed en Ben Bella – de gewapende opstand uit en kondigde de oprichting aan van het FLN, het Nationaal Bevrijdingsfront. Vanaf 1947 was er binnen de MTLD een geheime organisatie opgericht, de OS (of Organisation spéciale), die in het grootste geheim de opstand had voorbereid. Na de verkiezingen van 1948, die op groteske wijze door de toenmalige Franse gouverneur Naegelen (die lid was van de Franse socialistische partij SFIO) waren vervalst, leek deze harde kern binnen de MTLD, die werd aangevoerd door Aït Ahmed, Ahmed Ben Bella, Mohammed Boudiaf en anderen, de wind in de zeilen te hebben. Zij hadden in het grootste geheim fondsen verzameld, wapendepots aangelegd en militanten een voorlopige militaire opleiding gegeven. In 1950 was de OS door de Franse autoriteiten opgedoekt. Maar het voorbereidende werk was toen al een flink stuk opgeschoten. De OS heeft wellicht nooit meer dan 1500 leden geteld, maar de organisatie vormde wel een nieuwe generatie van militanten, die vastberaden waren de onafhankelijkheid van hun land op de Franse overheersers te veroveren.

In Frankrijk sloeg het nieuws van de opstand van Allerheiligen 1954 niettemin in als een bom. François Mitterrand, de toenmalige Franse minister van Binnenlandse Zaken, was volslagen verrast door de nieuwe beweging, die zich FLN noemde. Vier dagen na het begin van de opstand ontbond hij de MTLD van Messali Hadj, die in de verste verte niet betrokken was bij de oprichting van het FLN en de start van de gewapende strijd. 'Algerije is Frans en de enig mogelijke onderhandeling is de oorlog', verklaarde Mitterrand op dat ogenblik.[5] De toenmalige Franse regering zette van bij het eerste schot in de Algerijnse onafhankelijkheidsoorlog de toon: Frankrijk zou Algerije Frans houden en de Algerijnse opstandelingen zouden te vuur en te zwaard worden uitgeroeid.

De brutaliteit waarmee de Franse troepen naar aloude gewoonte in hun kolonie te werk gingen, had in ieder geval een averechts effect. De politieke kaarten binnen het nationalistische kamp werden in geen tijd grondig door mekaar geschud. De rol van Messali Hadj was definitief uitgespeeld. Na het verbod van zijn MTLD had Messali Hadj in december 1954 de Mouvement national algérien (MNA of Algerijnse Nationale Beweging) opgericht. De nieuwe formatie zou echter geen rol van betekenis spelen in de onafhankelijkheidsoorlog. Integendeel, nadat was gebleken dat het FLN zeer snel aan invloed won en er in januari 1956 in was geslaagd de traditionele gematigde krachten als de UDMA van Ferhat Abbas en de oelema's achter zich te krijgen, verklaarden Messali Hadj en zijn nieuwe partij MNA openlijk de oorlog aan het FLN. Dat leidde tot vaak bloedige afrekeningen, die zowel in Algerije als onder de Algerijnse migranten in Frankrijk werden uitge- [illegible] Messali Hadj bleef weldra alleen nog een schim over en die collaboreerde volop met de Franse overheid, politie en geheime diensten. Tientallen en tientallen leiders van het FLN werden door de MNA vermoord. Van zijn kant sloeg het FLN ook zeer regelmatig terug. De strijd tussen beide rivalen was bitter en zou jaren aanslepen. Maar de politieke rol van Messali Hadj was uitgespeeld.

Op 1 november 1954 was in Algerije een strijd losgebarsten, die zou uitgroeien tot een van de moordendste conflicten uit de koloniale geschiedenis. Het Franse leger veegde met grootscheepse 'pacificatiecampagnes' het platteland schoon, vernietigde dorpen bij de vleet, brandde de schamele oogsten van de kleine Algerijnse boeren – de belangrijkste steunpilaren van het gewapende verzet – plat. In de grote steden zoals Algiers, Oran, Constantine trachtten het Franse leger en de politie met gerichte terreur tegen de burgerbevolking het verzet te breken. Het was de tijd van de massale folterpraktijken, overvolle gevangenissen en concentratiekampen. Onder de leuze 'l'Algérie française' maakten de Franse militairen zich massaal schuldig aan de ergste oorlogsmisdaden, waarvan het openlijke racistisch karakter de Algerijnen uiteraard niet ontging. Naar schatting een half miljoen Franse militairen namen het op tegen een maquis van het FLN, dat op zijn hoogtepunt, einde 1957, over niet meer dan 25 000 guerrillastrijders beschikte. In 1962 bij het einde van de oorlog beschikte het FLN nauwelijks nog over 5000 strijders. De Fransen hadden hun werk grondig gedaan. De gebieden van het verzet waren genadeloos 'gereinigd'. De meeste FLN-strijders kwamen om tijdens een hoogst ongelijke strijd. Wie het overleefde moest de wijk nemen naar de buurlanden Tunesië en Marokko.[6]

De ultra's onder de Franse kolonisten zetten met de OAS (Organisation de l'armée secrète) een fascistische moordmachine in gang, die dood, terreur en vernieling zaaide onder de Algerijnen. Dagelijks maakten de professionele doders van deze extreem-rechtse organisatie tientallen slachtoffers. Maar ook in Frankrijk sloeg de OAS met een reeks bloedige aanslagen toe. Naar schatting 1 miljoen Algerijnen werd tussen 1954 en 1962 gedood. Het onafhankelijke Algerije zou zich vanaf 1962 dan ook 'het land van de 1 miljoen martelaren' noemen.

Parijs weigerde lange tijd obstinaat de leiders van het FLN te erkennen als geldige gesprekspartners, waarmee een politieke oplossing moest worden uitgedokterd aan de onderhandelingstafel. Op het ogenblik dat de eerste contacten werden gelegd tussen het FLN en de Franse overheid in Belgrado en Rome in een poging om vredesgeprekken te beginnen, kaapten de Fransen op 22 oktober 1956 in volle vlucht het vliegtuig van vier historische leiders van het FLN: Ahmed Ben Bella, Mohammed Boudiaf, Mohammed Khider en Hocine Aït Ahmed verdwenen in een Parijse gevangenis.

In 1961 aanvaardde de Franse regering eindelijk rechtstreekse onderhandelingen met de leiders van het FLN. De vredesgesprekken werden van 20 mei tot 13 juni gehouden in Evian en werden in juli hervat. Ondanks de bereidheid van de Algerijnse leiders om vrede te sluiten met de koloniale mogendheid Frankrijk, ging de repressie tegen de Algerijnse gemeenschap onverminderd voort. In Frankrijk werden de Algerijnen op 4 oktober 1961 aan de avondklok onderworpen. Vanaf 20 uur 's avonds was het hen verboden zich nog op straat te begeven. Uit protest tegen deze uitzonderingsmaatregel betoogden op 17 oktober meer dan 30 000 Algerijnen in de straten van Parijs. De betoging groeide al snel uit tot één grote steunbetuiging aan het FLN en de onafhankelijkheid van

Algerije. De Parijse politie greep met een nooitgeziene brutaliteit in. De Parijse straten waren bezaaid met doden. In de Seine dreven tientallen lijken. De Parijse pers maakte gewag van honderden doden. Meer dan 15 000 betogers werden gearresteerd. Hoeveel slachtoffers er precies zijn gevallen tijdens deze orgie van politiegeweld werd nooit helemaal opgehelderd. Vermoed werd dat de incidenten werden uitgelokt door politiemannen die tot het extreem-rechtse netwerk [illegible] behoorden, dat openlijk uitkwam voor zijn sympathieën voor de OAS. De toenmalige politieprefect van Parijs, Maurice Papon, verdedigde voor de Parijse gemeenteraad achteraf het optreden van zijn manschappen. 'De politie heeft alleen maar haar plicht gedaan', aldus Papon.[7]

Terwijl het FLN op het terrein harde klappen kreeg en zijn militaire slagkracht nagenoeg tot nul was herleid, boekten zijn leiders in Evian belangrijke politieke winst. Op 18 maart 1962 werden de akkoorden van Evian ondertekend. Een dag later werd een staakt-het-vuren van kracht en op 3 juli werd het land na acht jaar oorlogsverschrikkingen onafhankelijk. De economische en menselijke prijs, die de Algerijnen voor hun vrijheid hadden betaald, was nauwelijks te berekenen. Het land zou de gevolgen van 132 jaar kolonialisme nooit echt te boven komen.

Tijdens de oorlogsjaren had het FLN zich echter ook van zijn minder fraaie kanten laten zien: interne afrekeningen, machtsstrijd, verdeeldheid en opkomst van een machtige bureaucratie. De Algerijnse historicus, FLN-militant van het eerste uur en na de onafhankelijkheid gevangene van het FLN, Mohammed Harbi, is steeds erg kritisch geweest voor de bureaucratie van de nieuwe Algerijnse leiders.
'De kritische blik, die ik werp op het leven van het FLN, doet mij niet vergeten dat deze beweging, ondanks een erg ongelijke strijd en talloze onzekerheden, haar doel heeft bereikt: de onafhankelijkheid van Algerije. Ondanks alles hadden de

leiders van het FLN dit gemeen: hun totale deelneming aan de onafhankelijkheidsoorlog en hun patriottisme. Maar dat mag niet beletten om tegelijk vast te stellen dat in deze slachtoffers en rebellen van de kolonisatie meesters sluimerden wier model niet de ambtenaar, de kolonist was, maar de caïd en notabele van het platteland: symbolen van de macht, die haar wortels heeft in onze nationale traditie en die het ontstaan heeft bevorderd van een politiek personeel met praktijken, die eerder herinneren aan het hof of het paleis van een islamitische vorst dan aan militantisme.
Het fenomeen van de bureaucratie is te verklaren vanuit het historisch kader. Voor politieke vrijheden, zoals het Westen die kent, is er in Algerije nooit plaats geweest. Het gebrek aan democratie kwam tot uiting in alle instellingen en zat diep in de mentale structuur van een heel volk, dat slechts één referentiekader heeft: zijn eigen historische ervaring.'
En Harbi wijst erop dat de strijd voor 'politieke rechten slechts een secundaire plaats innam in de onafhankelijkheidsoorlog' van de Algerijnen. 'De brutaliteit van de koloniale repressie in de steden en de bewust gekozen actie van het FLN hebben deze objectieve factoren alleen maar versterkt en er sterk toe bijgedragen dat er een breuk ontstond in de continuïteit van de Algerijnse nationale beweging. Hoe zwak de democratische verzuchtingen voor november 1954 ook geweest mogen zijn, zij bestonden werkelijk en spraken grote fracties van de stedelijke publieke opinie sterk aan. En deze fracties werden vernietigd of gemarginaliseerd en beroofd van elke invloed op de vorming van de nieuwe structuren.'
En de historicus besluit: 'Ondanks al hun meningsverschillen, hebben de stichters van het FLN er angstvallig over gewaakt dat enige organisatie van de massa en hun leiders tabula rasa zouden kunnen maken met dit verleden. Op het ogenblik dat zij in 1954 op het toneel verschenen, hadden de leiders van het FLN geen steun van een reële en dynamische volksbeweging. Zij grepen de macht via geweld en zij behielden de macht via geweld. Zij kozen bewust voor de autoritaire weg, in hun

overtuiging dat ze zich vastberaden moesten beschermen tegen de tegenstanders van de gewapende strijd. Tegen de bestaande tendensen tot verzoening met de Fransen verhieven ze het absolutisme tot principe.'[8]

De oorzaken van de huidige Algerijnse ziekte, het gevaar voor een gespierde militaire dictatuur of een obscurantistisch terreurbewind van de moslimfundamentalisten, zijn diep geworteld in het koloniale verleden van het land. Kolonialisme was per definitie synoniem met de uitsluiting van het gekoloniseerde volk. Meer dan een eeuw lang werden de democratische rechten van de gekoloniseerde Algerijnen vertrappeld. Elke democratische traditie werd in de kiem gesmoord. De FLN-leiders installeerden zich na de onafhankelijkheid in een comfortabele positie van autoritarisme, verlicht despotisme, dat zich beriep op nationalistische slogans en een grenzeloze corruptie van de nieuwe nomenklatoera. Net zoals ten tijde van de koloniale overheersing kreeg de meerderheid van de Algerijnen tijdens de dertig jaar heerschappij van het FLN geen enkele ruimte voor een democratische deelneming aan de politieke, economische en sociale besluitvorming van het regime. De eenpartijstaat van het FLN voerde bovendien een katastrofale economische politiek. Die politiek werd gevoerd onder het motto van de modernisering van het onafhankelijke, post-koloniale Algerije. De fundamentalisten van het Islamitisch Heilsfront (FIS) putten vandaag hun kracht precies uit de diepgewortelde haat van een meerderheid van verpauperde, jonge Algerijnen jegens het systeem van het FLN, dat het land economisch en maatschappelijk geruïneerd heeft. De fundamentalistische leiders, die hun afkeer voor de 'moderniteit' nooit hebben verborgen en voor een terugkeer pleiten van het meest obscurantistische verleden van de islam, zijn er alvast in geslaagd van het algemene ongenoegen van de meerderheid van de zeer jonge Algerijnse bevolking gebruik te maken. 132 jaar anti-democratische koloniale overheersing en 30 jaar autoritair beleid van het FLN hebben het bedje gespreid voor religieuze fanatici, die het land voor een tweede keer in minder dan vier decennia tijd in een nachtmerrie dompelen.

# 2

## 'Villa des Roses' of het wangedrag van een Frans kamerlid

Dat l'*Algérie française* een grote aantrekkingskracht had op extreem-rechtse nationalisten en racisten, mag blijken uit de bijzonder eigenaardige loopbaan van Jean-Marie Le Pen. De huidige leider van het neofascistische Front national zit in Frankrijk op rozen. In maart 1995, bij de eerste ronde van de presidentsverkiezingen, kon het Front National niet minder dan 15 pct. van de Franse kiezers achter zich scharen. En tijdens de eerste ronde van de gemeenteraadsverkiezingen, begin juni 1995, boekten de Lepenisten monsterscores in belangrijke steden als Parijs, Lyon, Marseille en een honderdtal andere plaatsen van meer dan 30 000 inwoners.

Toen in Algerije de strijd tegen het 'terrorisme' van het FLN stilaan een hoogtepunt bereikte en de Franse politici en generaals er nog steeds van overtuigd waren dat het land kon worden 'gepacificeerd', was de 28-jarige Jean-Marie Le Pen het jongste lid van de Franse Assemblée Nationale. Op 2 januari 1956 was deze reserve-luitenant van de paracommando's en notoir neofascistisch militant verkozen op de lijsten van Pierre Poujade, een flamboyante populist, steun-en-toeverlaat van de Franse middenstanders, die vonden dat zij veel te veel belastingen moesten betalen en door de staat als citroenen werden uitgeperst. Le Pen werd meteen fractieleider van de poujadisten in het parlement, waar hij gespierde toespraken hield over de noodzaak om Algerije Frans te houden. Enkele maanden na zijn intrede in de Assemblée Nationale vond de jonge Le Pen dat hij maar meteen de daad bij het woord moest voegen. Als reserve-luitenant tekende hij vrijwillig voor zes maanden en kwam in dienst bij het 1er REP, het Eerste Buitenlandse Regiment Parachutisten, een onderdeel van de 10e Divisie, die onder bevel stond van generaal Massu. Le Pen zou slechts drie maanden als luitenant actief zijn in Algiers. Maar die korte periode was voor hem meer dan voldoende om zich in de kijker te werken. De Algerijnse hoofdstad was al ettelijke maanden het toneel van uiterst bloedige afrekeningen tussen het ondergrondse netwerk van het FLN en terreurgroepen van de Franse kolonisten en de pieds-noirs.

In juni 1956 was de strijd pas goed losgebarsten. De Fransen hadden twee kopstukken van het FLN uit de hoofdstad, Ferradj en Zabane, ter dood veroordeeld. De twee Algerijnen werd het statuut van krijgsgevangene geweigerd en zij werden onthoofd. De twee belangrijkste militaire leiders van het FLN in Algiers, Ali Moulai en Yacef Saadi, gaven hun manschappen de opdracht wraak te nemen voor deze terechtstellingen. 'Vrouwen en kinderen sparen', zo luidde de richtlijn van Moulai en Saadi. De FLN-strijders in Algiers hielden zich strikt aan deze regel, wat niet belette dat zij met een hele reeks aanslagen zeer veel slachtoffers maakten onder de kolonisten. Tussen 21 en 24 juni 1956 vielen bij diverse acties van het FLN niet minder dan 48 pieds-noirs en kolonisten. De contraterreur van de aanhangers van l'*Algérie française* was echter veel moordender. Op 10 augustus ontplofte een bom in de kasba van Algiers. Balans: 70 doden, onder wie talrijke vrouwen en kinderen. Op 7 januari 1957 was de toestand zodanig geëscaleerd in Algiers, dat de Franse gouverneur-generaal, Robert Lacoste, besliste alle politietaken over te dragen aan de 10e Divisie parachutisten van generaal Massu. De 1500 politiemannen in de hoofdstad hadden de voorbije maanden, volgens Lacoste, bewezen dat zij niet opgewassen waren tegen hun taak. Ze hadden nauwelijks successen geboekt bij hun pogingen om de ondergrondse van het FLN in de hoofdstad op te rollen. Generaal Massu, de commandant van de jonge reserve-luitenant Le Pen, zou de zaken grondig aanpakken. Hij verdeelde Algiers in verschillende militaire regio's, liet een reeks concentratiekampen bouwen aan de rand van de stad en opende her en der ondervragingscentra, waar Algerijnse arrestanten – allemaal potentiële terroristen in de visie van Massu en de zijnen – grondig aan de tand werden gevoeld. Op 8 januari 1957 begonnen de troepen van Massu aan grootscheepse razzia's. In één nacht tijd werden niet minder dan 950 Algerijnen opgepakt. Luitenant Jean-Marie Le Pen, die binnen het Eerste Buitenlandse Regiment Parachutisten onder het bevel stond van kapitein Louis 'Loulou' Martin, zou zich zeer snel onderscheiden als een geducht ondervrager van Algerijnse 'terroristen'. Tijdens de drie maanden dat Le Pen in Algiers aan de slag was, werden – volgens cijfers van de Franse generaal Salan – 20 000 verdachte Algerijnen gearresteerd en opgesloten. In de hoofdstad kregen statige koloniale villa's als Villa Sésini, Villa des Sources en Villa des Roses een bijzonder kwalijke reputatie. De Franse parachutisten hadden er ondervragingscentra in ondergebracht, wat een eufemisme was voor folterkamers. In Villa des Roses aan de Boulevard Galliéni (vandaag Boulevard Bougera) in de heuvelachtige wijk El Biar, leidde luitenant Le Pen de ondervragingen. Het regiment van Le Pen werd aangevoerd door Franse officieren, maar bestond voornamelijk uit Duitse, Spaanse en Hongaarse avonturiers. En in het ondervragingscentrum Villa des Roses ging het er allesbehalve zachtzinning aan toe.

In 1960 publiceerde de Algerijnse journalist Hafid Keramane een onthullend 'zwartboek over zes jaar oorlog in Algerije' onder de titel *De pacificatie*. Hij citeerde, naast tientallen gruwelverhalen, ook een artikel van *Résistance algérienne*[1]. In zijn editie van 1 juni 1957 berichtte dit klandestiene blad van het FLN, over 'de activiteiten van een Frans kamerlid'. 'Le Pen afgevaardigde in Parijs... folteraar in Algiers', zo luidde de kop van het schokkende artikel.

'In februari, maart en begin april 1957 herbergde de Villa des Roses, gelegen aan de Boulevard Galliéni, nummer 74, in El Biar, een eenheid buitenlandse parachutisten onder commando van kapitein Martin. Deze had hier zijn ondervragingsbureaus gevestigd en de daarvoor tegenwoordig onontbeerlijke hulp-

middelen: de folterkamers'.
Volgens *Résistance algérienne* was 'een van de leiders, die de vragen stelde en de folteringen leidde, niemand anders dan luitenant Le Pen, afgevaardigde van de Franse Nationale Vergadering'. 'Le Pen, in burger of in uniform, pleegde met zijn manschappen de ontvoeringen (men zal zich herinneren dat de Algerijnse depothouder in de rue d'Isly door burgers werd ontvoerd en de sjeik van Tebessi door mannen in uniform).
De ontvoerde personen werden gedurende weken in de villa vastgehouden. De verdachte werd eerst ontvangen door de para's, met Le Pen aan het hoofd, met schoppen en vuistslagen tot hij volkomen afgestompt was. Men begon hem op die manier rijp te maken om zijn deelneming aan een aanslag, sabotagedaad of andere actie te bekennen. Als hij zijn onschuld bleef volhouden, werd hij aan de foltering met elektriciteit onderworpen.
Le Pen was de leider, hij ontkleedde het slachtoffer geheel, bond hem aan handen en voeten, besprenkelde hem met water en blinddoekte zijn ogen. Daarna diende hij hem elektrische schokken toe. Als de "patiënt" de schokken wist te verduren en bij zijn ontkenning bleef, werd hem gedurende uren een helm op het hoofd gezet, die met een stopcontact verbonden was. Deze absoluut onverdraaglijke marteling deed hen, die dit hoofddeksel droegen, het uitschreeuwen van de pijn. Om wat variatie aan te brengen, plaatste Le Pen de elektroden op de oren van de "beschuldigde" en hij liet ze daar tot het vlees geheel verbrand was. Daarna liet hij enkelingen, die in dit stadium nog hun onschuld volhielden, de foltering met water ondergaan, dat men met geweld door een slang naar binnen liet lopen. Soms werd het lichaam van de verdachte met messteken gekerfd. Deze folteringen duurden weken, twee of drie keer per dag. In de tussenpozen tussen de verhoren werden de "beschuldigden" geboeid in een kuil van 1,60 tot 1,70 meter diep gezet. In deze kuil, die te kort was om in te gaan liggen en te nauw om zich om te draaien, bevond de onfortuinlijke zich dag en nacht onder de bedreiging

van de stengun van de bewakers.'
En *Résistance algérienne* voegde eraan toe: 'We mogen niet nalaten hier te vermelden, dat sommige bewakers, buitenlandse soldaten, die absoluut walgden van deze methoden, buiten medeweten van Le Pen, Martin en hun andere oversten, enige verzorging aan de gefolterden wisten te geven.'
'Onder deze militairen met een hart waren eveneens enkele Fransen. Wij herinneren ons de menselijke houding van soldaat Borniche uit Parijs, van Laboriot en enkele anderen. In elk geval was het gedurende de verhoren ondergane leed dermate gruwelijk, dat de verdachte, na de eerste keer reeds, de dood aanvaard zou hebben als een welkome verlossing. Dat is de reden, waarom een groot aantal gevangenen geprobeerd heeft zelfmoord te plegen. Een zekere Dahman was zodanig beledigd, geslagen, mishandeld en gefolterd door Le Pen, dat hij zich de keel opensneed en stervend naar het ziekenhuis werd overgebracht. Maar de activiteiten van Le Pen beperkten zich niet alleen tot Villa des Roses. Hij leefde zich ook uit in een andere villa: de Villa Sésini, die sinds lang bij de Algerijnen bekend staat als de folterplaats van de PRG (Algemene Inlichtingenpolitie). Daar liet hij het gelaat van een gevangene met benzine begieten en stak hij er de brand in. Het mismaakte slachtoffer werd in deze staat overgebracht naar de gevangenis van Barberousse in Algiers. De laatste vondst van Le Pen, voordat hij de inlichtingendienst verliet, was de verdachten tot bekentenissen te brengen door ze met een snijbrander te bewerken.' 'Dat waren de grote wapenfeiten van de afgevaardigde Le Pen in Algiers. Ze leverden hem een decoratie op uit handen van generaal Massu', zo besloot *Résistance algérienne* niet zonder sarcasme.

Folteren behoorde in die tijd tot de gewone dagdagelijkse manier van koloniaal besturen. Niet iedereen was het daar natuurlijk mee eens. Zo had monseigneur Duval, de katholieke aartsbisschop van Algiers, vanaf 1955 al zeer scherp stelling genomen tegen de martelpraktijken en de willekeur van het Franse leger en de politie. Maar zijn ondergeschikten hadden blijkbaar veel minder bezwaren tegen dit potige optreden. Pater Delarue was, op het ogenblik dat reserve-luitenant Le Pen zijn vrijwillige dienst klopte in Algiers, aalmoezenier van de 10e Divisie parachutisten. De pater nam zijn folterende para's zonder aarzelen in bescherming: 'Als men moet kiezen tussen twee kwalen – een tijdlang een bandiet, die op heterdaad is betrapt, laten lijden en aan de andere kant onschuldigen laten afslachten, die men zou kunnen redden als men dankzij de onthullingen van de gevatte misdadiger de hele bende zou uitschakelen – moet men zonder dralen voor het minste kwaad kiezen: een doeltreffende ondervraging, zonder sadisme.'

En in een dienstnota van 19 maart 1957 schreef generaal Massu onomwonden over de Franse martelpraktijken: 'De conditio sine qua non voor onze actie in Algerije is dat deze methoden volgens onze ziel en ons geweten toelaatbaar zijn, zelfs noodzakelijk en moreel waardevol.'[2]

Tijdens en onmiddellijk na zijn Algerijns avontuur deed Jean-Marie Le Pen – in tegenstelling tot vandaag – absoluut geen moeite om zich het imago van een fatsoenlijk, in maatpak en met stropdas uitgedost politicus aan te meten. Op 12 juni 1957 voerde de poujadist Le Pen het woord in de Assemblée Nationale. 'In Algiers was ik inlichtingsofficier en in die hoedanigheid moet ik in de ogen van een aantal collega's wel een mengeling lijken van een SS-officier en een Gestapo-agent. Dat was het vak dat ik uitoefende', gaf Le Pen zonder enige schroom toe.

Op 9 november 1962 had hij in een gesprek met de Franse krant *Combat* niet de minste moeite om te bekennen dat hij zich in Algerije aan folterpraktijken was te buiten gegaan. 'Ik was als inlichtingsofficier betrokken bij de slag om Algiers', verklaarde Le Pen. 'Ik weet het en ik heb niets te verbergen: ik heb gefolterd, omdat dit moest.' Later, in de jaren '80, toen hij zijn imago van ordinaire neofascistische straatvechter had ingeruild voor dat van respectabel parlementslid, begon Le Pen zich als een duvel in een wijwatervat te weren tegen journalisten, die zijn kwalijk oorlogsverleden van onder het stof uit haalden. Op 18 juli 1984 had het Parijse satirische weekblad *Le Canard Enchaîné* het hierboven geciteerde, beruchte uittreksel uit het boek *De pacificatie* van Hafid Keramane gepubliceerd. Le Pen daagde de hoofdredacteur prompt voor de rechter. Tijdens het proces leek hij wel aan geheugenverlies te lijden: 'Het Franse leger heeft gedaan wat het moest doen. Ook ik heb gedaan wat ik moest doen. Maar aan ondervragingen heb ik nooit deelgenomen.'[3]

Nog geen jaar later pakte de Parijse krant *Libération* op 12 februari 1985 uit met een reportage, waarin vijf Algerijnen getuigden dat ze in 1957 door Le Pen en zijn manschappen zwaar gefolterd waren. De vijf – Ali Cherki Rouchaï, Mahfoud Abdelbaki, Abdenour Yahiaoui, Lakhdari Khalifa en Mohammed Louli – waren allen gemarteld door de para's van het Eerste Buitenlandse Regiment. En allen waren ze formeel: telkens leidde Le Pen de ondervragingen. Vier van de vijf Algerijnen waren in de beruchte Villa des Roses aan een speciale behandeling onderworpen. De vijfde werd gefolterd in het concentratiekamp Sidi Feruch.

Ali Cherki Rouchaï werd op 22 februari 1957 in Algiers gearresteerd door de parachutisten. Hij werd opgepakt in de winkel, waar hij werkte. Rouchaï was verbindingsman bij de ondergrondse van Yacef Saadi. Bij zijn aankomst in Villa des Roses werd hij onmiddellijk gefolterd: de *gégène* (elektrische schokken), de *tuyau* (waarbij de gefolterde vol water werd gegoten), de *baignoire* (in de garage van Villa des Roses stond een grote wasbak, waarin de arrestanten met het hoofd werden ondergedompeld). Ali Cherki Rouchaï werd drie dagen lang gefolterd. De martelsessies duurden telkens een half uur tot drie kwartier. 'Telkens als ik het bewustzijn dreigde te verliezen, lieten ze me in een verwarmde kamer even bijkomen', vertelde Rouchaï aan Joëlle Stolz, de journaliste van *Libération*. 'Le Pen was er steeds bij. Hij heeft mij niet gefolterd, maar hij sloeg me wel herhaaldelijk in de maag of in mijn gezicht.' De vierde dag probeerde Rouchaï zelfmoord te plegen. Een van de para's had in de kamer, waar de ondervragingen doorgingen, een lege fles vergeten. Rouchaï brak de fles en trachtte zich met de scherven de keel over te snijden. Het was Le Pen, die hem in zeven haasten naar een ziekenhuis bracht.

Bij zijn terugkomst in de Villa des Roses, zo herinnerde zich Lakhdari Khalifa, een medegevangene van Rouchaï, riep Le Pen:
'Ik ben de goede god, als ik wil dat iemand crepeert, dan zal hij creperen. Als ik wil dat iemand gered wordt, omdat wij hem nog nodig hebben, zal hij gered worden.'
Een maand na zijn zelfmoordpoging zat Rouchaï opnieuw in Villa des Roses. Daar zag hij voor het laatst Zouaoui Mokhtar, een FLN-strijder uit Algiers. Ali Cherki Rouchaï en Lakhdari Khalifa waren heel formeel: 'Mokhtar was er zeer erg aan toe.' Na zijn verblijf in Villa des Roses verdween Mokhtar spoorloos. Nog een andere gevangene van Villa des Roses, Aïssi sjeik Laïd Boubeker, zou later als vermist worden opgegeven. Ook van hem is nooit enig spoor teruggevonden.

Mahfoud Abdelbaki was lid van de verzetsgroep van Yacef Saadi in Algiers. In de nacht van 22 februari 1957 werd hij gearresteerd in de kasba, waar hij in de rue Roc d'Or een onderduikadres had gevonden. In een barak van het concentratiekamp Sidi Feruch leidde Le Pen de ondervraging, terwijl een para hem elektrische schokken toediende en een tweede hem afranselde met een metalen borstel. De ondervraging en de folteringen duurden 18 dagen. De getuigenis van Abdelbaki was bijzonder bezwarend voor Le Pen. Op een dag gaf de jonge luitenant en poujadistisch volksvertegenwoordiger iedereen het bevel de barakken te verlaten. 'Jullie gaan een terechtstelling meemaken', kondigde Le Pen aan. Moussa, een van de gearresteerde FLN-leden zat helemaal onder het bloed. Hij werd op de knieën gedwongen. 'Moussa, je hebt bommen gegooid', riep Le Pen. 'Je hebt kloterij uitgehaald, jouw kameraden bedreigd, die de folteringen niet verdroegen.' En Abdelbaki vervolgde zijn verhaal: 'Le Pen liep langs de geknielde Moussa. Hij haalde zijn revolver uit de holster, zette hem tegen de slaap van Moussa en schoot. Ik zweer dat ik dat met mijn eigen ogen heb gezien. Het was de enige terechtstelling, die ik tijdens die achttien dagen heb gezien.'

Drie van de vijf door *Libération* geïnterviewde Algerijnen, Abdenour Yahiaoui, Lakhdari Khalifa en Mohammed Louli, waren in Villa des Roses getuige van de moord op Ali Hadj Mouloud, die in de tuin door een Duitse para in de rug werd geschoten. Officieel heette het dat Ali Hadj Mouloud een vluchtpoging had ondernomen. Maar de drie Algerijnse getuigen ontkenden dat met klem.
Mohammed Louli, die in de nacht van 24 februari 1957 door de mannen van Le Pen was gearresteerd, moest in de tuin van Villa des Roses de beruchte graven delven. Elk graf – er waren er een tiental – was overdekt met prikkeldraad en overdag werden de gevangenen erin opgesloten. De folteringen hadden 's avonds en 's nachts plaats. Op een dag zag Louli hoe Le Pen in hoogst eigen persoon de jonge arrestant Abdel Wahab Redjini uit het raam van de eerste verdieping duwde.

Het verhaal van Abdenour Yahiaoui, die door Le Pen en de zijnen werd gefolterd, was zelfs terug te vinden in een officieel Frans politierapport. Yahiaoui was nauwelijks 19, toen hij op 8 maart 1957 door Le Pen werd gearresteerd. De para's waren op zoek naar zijn neef, die actief was in het verzet. Na zijn arrestatie was Yahiaoui's vader gaan aankloppen bij Paul Teitgen, de secretaris-generaal van de prefectuur in Algiers en een van de zeldzame Franse politiemensen, die zich verzetten tegen de martelpaktijken. Toen de contraterreur van de Fransen tijdens de 'slag om Algiers' in 1957 een hoogtepunt bereikte, nam Teitgen ontslag uit protest tegen de brutale methoden, die leger en politie gebruikten. Zo had Paul Teitgen aan kolonel Bigeard uitleg gevraagd (maar nooit gekregen) over de verdwijning van 200 'verdachte' Algerijnen. Teitgen belastte commissaris René Gilles met een onderzoek naar de arrestatie van de jonge Abdenour Yahiaoui. In zijn rapport noteerde de commissaris: 'In het bijzijn van dezelfde officier (Gilles had het over Le Pen) werd de jonge Yahiaoui met de bullepees geslagen. Hij werd naakt aan een bank geketend. Zijn handen en voeten waren gebonden en hij werd gedwongen een hoeveelheid water te slikken.' Op basis van het rapport van commissaris Gilles werd Abdenour Yahiaoui uiteindelijk vrijgelaten.

Het wangedrag van luitenant Le Pen in Algiers haalde weliswaar niet de grote koppen in de Parijse pers, maar geen enkel Frans parlementslid kon in die dagen in eer en geweten beweren niet op de hoogte te zijn geweest van wat hun collega Le Pen in Algerije aan het uitrichten was. De beschuldigingen, die Hafid Keramane in zijn boek *De pacificatie* aan het adres van Le Pen had geformuleerd, waren bijzonder ernstig.
Twee jaar later, in juni 1962, maakte *Vérité-Liberté* [4] gewag van een incident, waarbij luitenant Jean-Marie Le Pen betrokken was. Op 31 maart 1957 was Le Pen met een aantal vrienden stevig aan het doorzakken in de Albert 1er, een hotel in het centrum van Algiers. Para-luitenant Le Pen was zwaar boven zijn theewater, toen hij omstreeks 2 uur 's ochtends A.B., een nachtwachter van het hotel aanmaande, om het gezelschap nog eens van drank te bedienen. A.B. weigerde de para's te bedienen omdat het sluitingsuur al lang voorbij was. De Algerijnse hotelbediende werd daarop prompt gearresteerd door de stomdronken Le Pen. A.B. werd door Le Pen afgevoerd naar Villa Sésini, waar hij gemarteld werd. A.B. diende een klacht in, die hij later weer introk, nadat hij in het geheim 1 miljoen Franse frank had gekregen. De reden van dit uit de hand gelopen drinkgelag konden de lezers van *L'Echo d'Alger*

's anderendaags op 1 april 1957 vernemen: Le Pen was voor bewezen diensten gedecoreerd door generaal Massu.

Tegen Le Pen en zijn folterknechten werd geen enkele sanctie getroffen. Vier maanden na het einde van de oorlog in Algerije kondigde de Franse regering op 22 november 1962 een amnestiedecreet af. De maatregel gold voor 'alle feiten met betrekking tot de oorlog in Algerije'. Folteraars en andere oorlogsmisdadigers gingen vrijuit. Mensen als Le Pen hoefden helemaal niets meer te vrezen. Wat niet kon worden gezegd van journalisten en hoofdredacteuren van kranten, die het nodig achtten om het oorlogsverleden van de extreem-rechtse leider op te rakelen.

In 1984 boekten Jean-Marie Le Pen en zijn Front National een eerste belangrijke doorbraak bij de Europese verkiezingen. Voortaan zou het processen regenen tegen journalisten, kranten en weekbladen, die ook maar heel even twijfel lieten rijzen aan de geloofwaardigheid en het fatsoen van de voormalige para-luitenant en folteraar.
Nadat *Le Canard Enchaîné* in juli 1984 een artikel had gepubliceerd, waarin de weinig fraaie praktijken in Villa des Roses in herinnering werden gebracht, stapte Le Pen naar de rechtbank. Op 22 maart 1985 oordeelde de rechter in eerste aanleg dat er van laster en eerroof geen sprake kon zijn. 'Le Pen is van oordeel dat foltering gerechtvaardigd en noodzakelijk was', stond in het vonnis van de correctionele rechtbank in Parijs. 'Hij kan dus bezwaarlijk beweren in zijn eer te zijn aangetast, als hij ervan wordt beschuldigd foltering in de praktijk te hebben toegepast.' *Le Canard Enchaîné* werd vrijgesproken en Le Pen mocht opdraven voor de proceskosten. Maar merkwaardig genoeg haalde Le Pen zijn gram in beroep voor het Hof van Cassatie. Op 15 januari 1986 werd *Le Canard Enchaîné* veroordeeld. Het blad moest Le Pen 8000 Franse frank schadeloosstelling betalen.
Ook *Libération* kreeg na de reportage over de slachtoffers van Le

Pen in Algiers een proces aangesmeerd. De rechter oordeelde niet over de grond van de zaak: de verklaringen van de gefolterde Algerijnen Yahiaoui, Rouchaï, Louli, Abdelbaki en Khalifa. *Libération* kreeg een symbolische veroordeling, omdat de krant zich niet had gehouden aan de regel dat alle misdrijven met betrekking tot de Algerijnse oorlog onder een amnestiewet vielen. Het koloniale verleden van de Fransen werd met andere woorden door deze rechterlijke uitspraak definitief naar de archieven verwezen.

Twee dagen na de bijzonder bezwarende getuigenissen van de vijf Algerijnen in *Libération* – Le Pen werd tenslotte niet alleen beschuldigd van folterpraktijken, maar ook van de moord op Moussa en de verdwijning van de gevangenen Aïssi Sjeik Laïd Boubeker en Zouaoui Mokhtar – kondigde de toen regerende Parti socialiste aan dat ze voortaan actief campagne zou voeren tegen Le Pen en zijn Front national. PS-woordvoerder Jean Poperen deed deze mededeling op 14 februari 1985 tijdens het populaire programma 'L'Heure de Vérité' op de Franse televisiezender Antenne 2. De onthullingen van de vijf Algerijnen hadden in Frankrijk eigenlijk niet veel meer dan een stormpje in een glas water veroorzaakt. En niet zonder bitterheid stelde Gilles Bresson, de politiek commentator van *Libération*, 's anderendaags vast: 'De PS heeft weliswaar gereageerd op het "dossier Le Pen" van *Libération*, maar hoedt er zich tegelijk voor de Algerijnse oorlog weer uit de kast te halen. Dat zou iets te veel spoken doen heropstaan. Voor de PS blijft deze oorlog een onuitwisbare last en een "smerige" herinnering voor de zowat 2 400 000 dienstplichtigen van het Franse contingent in Algerije, die deze periode hebben meegemaakt en op de hoogte waren van de methoden, die bij de pacificatie werden gebruikt. Vandaag zijn het precies deze voormalige dienstplichtigen, die de ruggegraat vormen van de generatie van de 40-plussers, die electoraal zwaar doorwegen'[5].

# 3

## Inmiddels aan het noordelijke front...

Tussen de messalisten, die tot dan de Algerijnse nationalistische beweging hadden gedomineerd, en de Franse communistische partij (PCF), waarvan de historische leider Messali Hadj zelf nog lid was geweest voor hij in 1926 zijn eigen organisatie – L'Étoile nord-africaine – oprichtte, waren de relaties steeds stormachtig geweest. Dat bleek nog maar eens in de zomer van 1954. De messalisten stonden op dat ogenblik op een keerpunt en wilden zo snel mogelijk een congres bijeenroepen om uit hun steeds scherper wordende tegenstellingen te komen. De Mouvement pour le triomphe des libertés démocratiques (MTLD) had deze belangrijke partijbijeenkomst in de Parijse voorstad Saint-Denis gepland. De PCF had de Algerijnen beloofd voor de nodige zalen en infrastructuur te zorgen. Maar die belofte werd op het laatste moment weer ingeslikt. De MTLD week uit naar het Belgische Hornu, net over de grens, op een steenworp van Quaregnon en Mons. Op 17 juli 1954 zakten 300 Algerijnse militanten naar Hornu af. In België was er een kleine Algerijnse arbeidersgemeenschap actief, mensen die voornamelijk hun brood verdienden in de mijnen van de Borinage. De meesten van deze naar schatting 1500 Algerijnse kompels hadden sympathie voor Messali Hadj en zijn beweging, zodat het voor de MTLD niet zo'n grote moeite was in zeven haasten van Saint-Denis naar Hornu te verhuizen.

Op het congres bleek al snel hoe diep de verdeeldheid zat en hoe sterk het wantrouwen was geworden van de nieuwe garde tegenover dinosauriërs als Messali Hadj. Nog geen vier maanden na het congres van Hornu werd immers duidelijk dat er een nieuwe en harde kern was opgestaan binnen de Algerijnse onafhankelijkheidsbeweging, die het getalm van zijn oude voormannen hartsgrondig beu was. Zij gaven op 1 november 1954 het startschot voor de opstand. Meteen wist de wereld dat het FLN was opgericht en tot de actie was overgegaan.

Tijdens de acht jaar durende onafhankelijkheidsoorlog zou België nog herhaaldelijk een belangrijke uitvalsbasis en logistiek steunpunt blijven voor de Algerijnse nationalisten. Toen in Frankrijk het klandestiene netwerk van Francis Jeanson het vanaf 1958 steeds moeilijker kreeg om zijn activiteiten ten gunste van het FLN voort te zetten, namen Belgische geestesverwanten de fakkel gedeeltelijk over. In ons land was een klandestien en half-klandestien net aan het werk, dat niet alleen wapens, geld en de illegale geschriften van de Algerijnse nationalisten smokkelde. Belgische advocaten waren bijzonder actief bij de verdediging van FLN-leiders en -militanten. Andere activisten trachtten binnen het Comité pour la paix en Algérie (het Comité voor de Vrede in Algerije was in hoofdzaak een Franstalige aangelegenheid) de Belgische publieke opinie warm te krijgen voor de antikoloniale strijd van de Algerijnen.

Niet dat de meeste Belgen nu echt wakker lagen van wat er zich in de Franse kolonie aan de andere kust van de Middellandse Zee afspeelde. Ons land had op dat ogenblik erg woelige en verscheurende tijden gekend. En nieuwe stormen dreigden op te steken. 1950 was het jaar geweest waarin de Koningskwestie met een Belgisch compromis werd opgelost. Onmiddellijk daarop barstte de Schoolstrijd in alle hevigheid los. Toen de oorlog in Algerije stilaan naar zijn hoogtepunt ging, werd België in 1955 wakkergeschud door massale betogingen, waaraan in de periode maart-juli 1955 vele tienduizenden katholieken deelnamen. Het socialistisch-liberale kabinet onder leiding van premier Achille Van Acker had een aantal drastische hervormingen in het onderwijs uitgewerkt. En vooral in christelijk Vlaanderen vond men dat de socialistische onderwijsminister, Léo Collard, een regelrechte oorlogsverklaring had gericht aan de Kerk en het katholiek onderwijs. De Schoolstrijd zou pas definitief beslecht worden op 29 mei

1959 met alweer een typisch Belgisch compromis: het Schoolpact. Een jaar later was het land opnieuw in rep en roer. In november 1960 kondigde de christendemocratische premier, Gaston Eyskens, in een poging om de belabberde staatsfinanciën aan te zuiveren, de beruchte 'Eenheidswet voor economische expansie, sociale vooruitgang en financieel herstel' af. De Eenheidswet bevatte een aantal pijnlijke bezuinigingen op de sociale uitgaven en een aanzienlijke verhoging van de indirecte belastingen. Op 20 december 1960 braken de eerste grote stakingen uit, die zouden uitmonden in een algemene staking van vijf weken (met meer dan 700 000 stakers en naar schatting 300 vaak erg woelige betogingen). Vooral in Wallonië hing er dynamiet in de lucht. Het leek wel of het land op een echte burgeroorlog afstevende. 18 000 rijkswachters en 15 000 militairen werden gemobiliseerd om stakingsposten op te ruimen, meer dan 2000 stakers te arresteren, wegen, spoorlijnen, fabrieken en andere vitale infrastructuur te bewaken. Op 6 januari 1961 vielen bij zeven uur durende straatgevechten in Luik 75 zwaar gewonden. Twee van hen zouden later in het ziekenhuis bezwijken. Het was een van de hardste en gewelddadigste stakingen uit de Belgische sociale geschiedenis. En eens te meer werd er een Belgisch compromis uit de hoed getoverd. De socialisten, die in de oppositie zaten, werden in april in een rooms-rood kabinet opgenomen. De regering van de christendemocraat Theo Lefèvre en de socialist Paul-Henri Spaak zou een slechts licht afgezwakte versie van de beruchte Eenheidswet doorvoeren.

De Belgen hadden met andere woorden wel wat anders aan het hoofd dan zich te bekommeren om wat de Franse troepen in Algerije uitvoerden. En toch... Een kern van zo'n 100 zeer actieve militanten (uit diverse hoek: linkse christenen, pacifisten, linkse socialisten, leden van de vakbond, trotskisten en een aantal communisten, die het moeilijk hadden met de officiële politieke lijn van hun partij) zou een heel belangrijke rol spelen in de steun aan de strijd van het FLN.

Luc Somerhausen (nom de guerre: 'Alex') was een linkse studentenleider uit Brussel en een van de 'chefs' van de klandestiene operaties van het netwerk. Vandaag is hij magistraat. Tijdens de woelige stakingsweken van december 1960 en januari 1961 maakte hij zich – zelfs als actief links militant – meer zorgen over de veiligheid van zijn vluchtauto's dan over de eigenlijke afloop van de grote staking. Die auto's vervoerden nu eens voortvluchtige FLN-leiders, dan weer wapens of verboden publikaties van het FLN of van de Franse *porteurs de valises* van Francis Jeanson. Tijdens de algemene staking liepen de chauffeurs en begeleiders van het netwerk nog meer gevaar dan anders: heel het land – en zeker Wallonië – was bezaaid met controleposten van de rijkswacht en het leger.

De motivatie van de Belgische *porteurs de valises* was vaak heel uiteenlopend. Hun engagement was eerder persoonlijk dan ingegeven door partijpolitieke overwegingen. In hun boek *Le Front du Nord: des Belges dans la guerre d'Algérie* merkten RTBF-journalisten Hugues Le Paige en Jean Doneux volkomen terecht op: 'In België bestond er geen enkele politieke partij, die het radicale antikolonialisme in haar doctrine en praktijk had opgenomen. Dat bestond alleen maar bij individuen.'[1]
Bij de bezielers van het eerste uur waren er bijvoorbeeld de pacifisten en dienstweigeraars Jean Van Lierde en Noël Platteuw. Beiden zouden herhaaldelijk verscheidene maanden gevangenisstraf oplopen, omdat ze principieel weigerden hun dienstplicht te vervullen. In 1952 werd Van Lierde zelfs veroordeeld om in Marcinelle in de mijn Bois-du-Cazier te gaan werken. Vier jaar later, op 8 augustus 1956, stond hij opnieuw in de Borinage voor de poorten van Bois-du-Cazier. Ditmaal als journalist voor het Franse links-katholieke weekblad *Témoignage Chrétien*. In de mijn had die dag een verschrikkelijke brand gewoed toen de 276 kompels van de ochtendploeg al waren afgedaald. Balans: 263 doden. Zeven mijnwerkers kwamen ongedeerd uit de ramp. Zes anderen werden gewond. De

meeste slachtoffers (131) waren Italiaanse migranten. 95 Belgen kwamen bij de ramp om. Onder hen 32 Vlamingen, die voornamelijk afkomstig waren uit kleine dorpen als Tremelo, Baal en Schriek, uit de driehoek Leuven-Mechelen-Aarschot. Ook vijf 'Franse' kompels overleefden de ramp niet: vader en zoon Alphonse en Marceau Caillard. En ook Saïd Mami, Amar Belamri en Ali Kaddour: drie Algerijnen, die – zoals dat toen de gangbare praktijk was – ingeschreven stonden als Franse staatsburgers. Algerijnen hadden toen immers geen eigen nationaliteit.

Jean Van Lierde leerde het koloniale Algerije kennen via zijn Franse vriend Pierre Houart, een katholieke pacifist, die actief was in de Mouvement international d'action pour la paix (Internationale Actiebeweging voor de Vrede). In 1952 stichtte hij voor deze beweging de revue *Routes pour la Paix*. Het was voor dit blad dat hij verscheidene reizen ondernam naar Tunesië en Algerije. Houart liet nooit na de Franse militaire aanwezigheid in Algerije aan de kaak te stellen en de rol van de kerkelijke overheid aan te klagen, die hij bestempelde als een instrument van de Franse kolonisten. Van Lierde werd een van de medewerkers van Houarts revue. En ook Noël Platteuw schreef zijn bevindingen over zijn verblijf in Algerije neer in *Routes pour la Paix*. In 1954, nadat hij in april wegens dienstweigering zes maanden gevangenisstraf had gekregen, weigerde hij zich bij de overheid te melden. In plaats daarvan ging hij voor een internationale organisatie van dienstweigeraars in Orléansville werken. De stad werd op 9 september getroffen door een verschrikkelijke aardbeving, die meer dan duizend slachtoffers en 120 000 mensen dakloos maakte. (Orléansville, het huidige El Asnam, zou in de jaren '70 nog eens getroffen worden door een vernietigende aardbeving.) In *Routes pour la Paix* beschreef Platteuw hoe de Franse overheid niets had ondernomen om de Algerijnse slachtoffers ter hulp te snellen. Nochtans vielen in de Algerijnse wijken en dorpen de meeste slachtoffers en waren de verwoestingen er het grootst. Platteuw werd door de Franse overheid vriendelijk verzocht het land te verlaten. Bij zijn terugkomst in België werd hij gearresteerd en nog eens tot negen maanden cel veroordeeld.

Nogal wat leden van het netwerk kwamen uit het linkse joodse milieu. Marcel Liebman, de in 1986 overleden Brusselse marxistische hoogleraar en een prominent figuur in Brusselse linkse kringen, noemde zijn engagement later een logisch gevolg van zijn verzet tegen het kolonialisme en de verdrukking van de volkeren in de Derde Wereld. Maar voor hem kwam er een dimensie bij. Voor Liebman was de actieve solidariteit van joodse militanten met de Algerijnse onafhankelijkheidsstrijd een ideaal middel om tot verzoening en samenwerking te komen tussen joden en Arabieren, die sinds de oprichting van de staat Israël in 1948 met getrokken messen tegenover elkaar stonden.

In een artikel in Sartre's revue *Les Temps Modernes*[2] stelde Liebman in 1961 de vraag: 'Wat zou er gebeuren indien de joodse wereld haar huidige politiek laat varen – die trouwens uiteindelijk toch niet zal beletten dat het onafhankelijke Algerije gestalte krijgt –, haar steun aan Frankrijk stopzet en eindelijk erkent wat het rechtsvaardigheidsgevoel al lang voorschrijft – namelijk de gewettigdheid van de strijd van het Algerijnse volk voor zijn bevrijding – en deze strijd gaat steunen?

Wat als de joden, als ze zich eenmaal hebben ontdaan van hun stilzwijgen en remmingen – zij noemen zich graag antiracisten uit roeping en noodzaak –, zouden beslissen hun antiracisme en antikolonialisme te bewijzen op de plaats waar hun lot hen heeft samengebracht: het bekken van de Middellandse Zee? Wat zouden de gevolgen zijn van deze ommekeer in de allianties?'

Alsof Liebman zelf aanvoelde hoe utopisch zijn vraagstelling wel was (tenslotte zou Israël zes jaar later tijdens de juni-oorlog van 1967 nog meer Arabisch en Palestijns gebied veroveren en bezetten – met inbegrip van het Arabische symbool bij uitstek, Jeruzalem), voegde hij er meteen aan toe: 'Niets bewijst dat een onvoorwaardelijke steun van Israël aan Algerije tot vrede zou leiden tussen de joodse staat en zijn buren. Maar alles wijst erop dat als er al een perspectief bestaat dat zo'n vrede mogelijk maakt, het wel degelijk een Israëlisch-Algerijnse toenadering is.'

Net als Liebman was ook Jacques Sephiha ervan overtuigd dat de solidariteit met de Algerijnse onafhankelijkheidsstrijd een heilzame invloed zou uitoefenen op de relaties tussen Israëli's en Palestijnen. Sephiha was betrokken bij de talrijke klandestiene operaties van het netwerk. Zo bezorgde hij heel wat in Frankrijk vogelvrij verklaarde FLN-leiders een veilig onderduikadres in zijn woning. Onder andere Abdenour Ali Yahia logeerde lange tijd bij hem. (In het onafhankelijke Algerije verwierf Ali Yahia internationale faam als dwarsligger, advocaat en mensenrechtenactivist. De voorbije jaren heeft hij zelfs een aantal kopstukken van het verboden fundamentalistische FIS voor de rechtbank verdedigd. Vandaag is hij een van de spilfiguren van de 'nationale dialoog'. In januari 1995 was Yahia een van de onderhandelaars tijdens de Sant' Egidio-conferentie in Rome, waar een aantal leiders van de traditionele partijen en afgevaardigden van het FIS een gemeenschappelijk programma uitwerkten om een einde te maken aan het geweld en de vrede te herstellen.[3]

Met zijn klandestiene logeergasten van het FLN voerde Sephiha urenlange gesprekken over de toekomst van de Arabische wereld, het Midden-Oosten en welke plaats er was voor een joodse staat. 'Ik ben zelf nooit een voorstander geweest van een zuivere joodse staat', stelt Sephiha ook vandaag nog. 'Mijn voorkeur ging uit naar een bi-nationale joods-Palestijnse staat in Palestina.'

De man heeft een bijzonder bewogen levensloop gekend. Eigenlijk is hij een Ladino, een jood van Turkse afkomst. Spaans is zijn moedertaal, ook al is hij geboren en getogen in Sint-Gillis. Tijdens de Duitse bezetting sloot hij zich op zeer jonge leeftijd aan bij het verzet. Op 17-jarige leeftijd werd hij gearresteerd – niet zozeer vanwege verzetsactiviteiten, maar omdat hij jood was. Jacques Sephiha werd gedeporteerd naar Buchenwald, waar hij twee jaar lang de verschrikkingen van het nazi-regime overleefde en zijn eerste echte politieke scholing kreeg van Duitse communisten, met wie hij samen gevangen zat. 'Ik ben zelf nooit communist geweest, maar wat ik van die Duitse medegevangenen opstak, is voor mij altijd van onschatbare waarde geweest', zegt hij vandaag. Na zijn vrijlating uit Buchenwald vertrok hij naar Palestina om er zijn droom van een joods-Arabische bi-nationale staat en een vreedzame coëxistentie tussen joden en Arabieren concreet gestalte te geven. De oorlog van 1948, die zou leiden tot de oprichting van de staat Israël, sloeg die droom aan scherven. In 1951 keerde hij naar België terug. In het mondaine Knokke-het-Zoute nam hij een optiekzaak over. En het is daar, na een rustig middenstandersbestaan van negen jaar, dat een oude kameraad en ex-gedeporteerde van Buchenwald in 1960 kwam aankloppen. Hij had dringend hulp van hem nodig. Jacques Sephiha aarzelde geen ogenblik en hij hielp een door de Fransen opgespoorde vrouw van het netwerk-Jeanson de Frans-Belgische grens oversteken. De volgende twee jaar zouden nog talloze gelijkaardige geheime missies volgen. Voor Jacques Sephiha was de 'historische kans op een joods-Arabische toenadering via de solidariteit met de Algerijnen een belangrijk element'. 'Maar mijn engagement van toen was eigenlijk niets meer dan een logische voortzetting van mijn actie voor dezelfde waarden waarvoor ik eerst in het verzet terechtkwam, daarna in Buchenwald, in Palestina en recenter in de verdediging van de rechten van de Palestijnen: mijn weigering om onrecht en racisme te aanvaarden. En het Franse koloniale bewind in Algerije was fundamenteel racistisch.'

De Luikse groep van het netwerk werd geleid door Jean Gaudin, een oud-verzetsman, die bij het einde van de Tweede Wereldoorlog had gezworen dat 'zoiets nooit meer mocht gebeuren'. Gaudin was een linkse katholiek en slaagde erin nog heel wat andere geëngageerde christenen te overtuigen van de 'goede zaak, waarvoor de Algerijnen vochten'. In de arbeidersgemeente Seraing bijvoorbeeld kreeg hij onmiddellijk respons van de gebroeders Henri en Louis Brenu. De eerste was een actief militant van de christelijke arbeidersbeweging, de tweede was 'priester-arbeider', een 'beroep', dat door het Vaticaan ten scherpste was veroordeeld. Vooral in Frankrijk, waar de beweging van priester-arbeiders heel wat invloed had verworven, greep de kerkelijke overheid met harde hand in. Priester-arbeiders werden er doorgaans voor de keuze gesteld: de activiteiten stopzetten of excommunicatie. In België hadden de priester-arbeiders minder last van hogere kerkelijke bemoeienissen. De gebroeders Brenu waren samen met een aantal gelijkgezinden de stuwende kracht van een arbeidersgemeenschap in de volksbuurten van Val-Saint-Lambert. Toen de verantwoordelijke van het FLN in België, Abdelmajid Titouche, een belangrijke, klandestiene vergadering van de FLN-vakbond UGTA (Union générale des travailleurs algériens) moest organiseren, kon hij zonder problemen terecht in een Luikse parochiezaal.[4]

In de Borinage waren kleinere groepen aan het werk. In Charleroi was Yves de Wasseige (de latere PS-senator) een van de belangrijke voortrekkers. De grootste (en meteen ook de bontste) schakel van het netwerk bevond zich niettemin in Brussel. Een van de grote bezielers was Pierre Le Grève, een trotskistisch militant, die samen met Ernest Mandel en anderen in de jaren '50 de groep La Gauche vormde binnen de socialistische partij. Mandel zelf was een tijd lang verantwoordelijk voor de verspreiding van het klandestiene FLN-blad *Résistance algérienne*. Het blad werd in België gedrukt en naar Frankrijk geëxporteerd. Ook linkse socialisten als Ernest Glinne en Serge Moureaux (die een van de belangrijke advocaten van het FLN zou worden in Frankrijk en België) waren van de partij. Guy Cudell (op dat ogenblik reeds socialistisch burgemeester van Sint-Joost-ten-Node) was de zaak niet ongenegen. Hij beperkte er zich niet alleen toe politieke oproepen ten gunste van de Algerijnse zaak te ondertekenen als volksvertegenwoordiger en burgemeester van wat toen nog de PSB heette. Zijn gemeentediensten gaf hij de opdracht probleemloos FLN-leden in te schrijven, met andere woorden: een veilig en legaal onderduikadres te verschaffen.

Twee Vlamingen zouden een belangrijke rol spelen in het netwerk. Advocaat Marc De Kock, in 1958 samen met Marcel Deneckere een van de stichters van *Links*, dat binnen de socialistische partij voor enige animo wilde zorgen. En Jacques Nagels, toen leider van de communistische studenten aan de ULB, die op dat ogenblik de grootste en invloedrijkste studentenorganisatie vormden aan de Brusselse Vrije Universiteit. Nagels was van 1980 tot 1985 de allerlaatste volksvertegenwoordiger van de KPB in het Belgische parlement. Ook zij benadrukken vandaag nog dat hun radicale antikoloniale opstelling aan de basis lag van hun engagement aan de zijde van het FLN.

'Ik was sterk beïnvloed door Frantz Fanon, de bekende zwarte denker uit Martinique, die van het antikolonialisme zijn levensdoel had gemaakt en trouwens tijdens de onafhankelijkheidsoorlog voor het FLN werkte', zegt Marc De Kock. 'De ideeën van Fanon hadden mij sterk aangegrepen. Voor mij was het kolonialisme één grote schending van de rechten van de mens. Wat er in Algerije gebeurde sterkte mij alleen maar in mijn overtuiging.'

Jacques Nagels beroept zich vandaag nog steeds op het antikolonialisme en niet op het programma van de Communistische Partij, waarvan hij lid was, om zijn motivatie voor zijn pro-FLN-engagement te verduidelijken. 'In Antwerpen was ik voorzitter geweest van de humanistische jongerenbeweging, die was opgericht aan het atheneum van Berchem. *Pro en contra*, het tijdschrift van deze beweging, had al duidelijk stelling genomen tegen de oorlog in Algerije. Mijn interesse voor wat er in deze Franse kolonie gebeurde, was al gewekt voordat ik in 1958 – ik was toen 21 – lid werd van de Communistische Partij. Mijn persoonlijke motivatie om mij te engageren in de

Algerijnse onafhankelijkheidsoorlog was eigenlijk zeer eenvoudig. Ik was een "sartrien" en Sartre had een zeer duidelijk standpunt ingenomen tegen de oorlog in Algerije. Hij had een open brief gepubliceerd, waarin hij de verdediging op zich nam van Henri Alleg, een Algerijnse communist, die zich bij de strijd van het FLN had aangesloten. Alleg werd gearresteerd en zwaar gefolterd door de Franse militairen. Persoonlijk had ik dus duidelijk sympathie voor de Algerijnse onafhankelijkheidsstrijd en het FLN. Maar tot een concreet engagement kwam ik pas, toen het Franse netwerk van Jeanson in linkse kringen in Brussel op zoek ging naar jonge intellectuelen, die bereid waren iets te doen.'

Het Algerijnse avontuur van Jacques Nagels kende een vreemd verloop. De Communistische Partij had haar leden strikt verboden voor het FLN te werken. Wat Algerije betreft, steunden de Belgische communisten hun Franse zusterpartij PCF. En de houding van de PCF in het Algerijnse vraagstuk was allesbehalve een toonbeeld van rechtlijnig antikolonialisme. Ten opzichte van de gekoloniseerde Algerijnen gedroegen de Franse communisten zich als onverbeterlijke paternalisten. Vier dagen na het afschuwelijke bloedbad van 8 mei 1945 in Sétif en andere Algerijnse steden (balans: meer dan 45000 doden) publiceerde *L'Humanité*, het dagblad van de PCF, op 12 mei 1945 een verklaring van het Centraal Comité. Daarin stelde de PCF-leiding zonder omwegen: 'De aanstokers van de opstand en hun handlangers, die de rellen hebben geleid, moeten snel en onverbiddelijk worden gestraft.' Op 31 mei 1945 juichte dezelfde *Humanité* de arrestatie toe van de Algerijnse nationalistische leider Ferhat Abbas. De basis voor het beleid van de PCF ten opzichte van Algerije was zes jaar eerder gelegd door de legendarische Franse communistische leider Maurice Thorez. Tijdens een opgemerkt bezoek aan Algiers in februari 1939 had Thorez verklaard dat Algerije een 'natie in wording' was. 'Er bestaat een Algerijnse natie, die zich vormt in een mengeling van twintig rassen', zei Thorez voor een gehoor van 8000

Europese kolonisten en een duizendtal Algerijnen.[5] Het logische gevolg van Thorez' stelling was dat de Franse communisten de eis tot onafhankelijkheid van Algerije niet steunden, zolang het 'wordingsproces' van de Algerijnse natie niet voltooid was. In zijn toespraak in Algiers zei Maurice Thorez verder nog: 'Ja, wij willen een vrij verbond tussen de volkeren van Frankrijk en Algerije. Een vrij verbond betekent uiteraard het recht op echtscheiding, maar zeker niet de plicht tot echtscheiding.'

Het belangrijkste probleem van de PCF was dat ze vooral aanhang had onder de pieds-noirs in Algerije, die absoluut geen oog hadden voor de onderdrukking van de meerderheid van de gekoloniseerde Algerijnen. Ook na de Tweede Wereldoorlog veranderde de PCF haar standpunt niet. In 1946 werd in de nieuwe Franse grondwet het begrip *Union française* (Frans verbond) ingevoerd. De Franse kolonies moesten volgens de nieuwe grondwet Frans blijven. Parijs was evenwel bereid de teugels wat te vieren. 'Het Frans verbond bestaat uit naties en volkeren, die hun krachten en inspanningen bundelen en coördineren om hun respectievelijke beschavingen te ontwikkelen, hun welzijn te verbeteren en hun veiligheid te verzekeren', zo stond in de nieuwe grondwettekst. 'Trouw aan zijn traditionele opdracht, wil Frankrijk de volkeren, die het ten laste heeft genomen, naar de vrijheid leiden om zichzelf te besturen en democratisch hun eigen aangelegenheden te beheren. Elk systeem van kolonisatie, dat gebaseerd is op willekeur wordt uitgesloten. Frankrijk verzekert allen de vrije toegang tot het openbaar ambt en de individuele of collectieve uitoefening van rechten en vrijheden.' De *Union française* bleef dode letter, of liever, ging ten onder in de bijzonder moorddadige koloniale oorlogen, die Frankrijk voerde: eerst in Viëtnam (met een roemloze nederlaag in Dien Bien Phu in 1954), daarna in Algerije.

Maar in een toespraak voor de Nationale Vergadering herhaalde de communistische leider, Jacques Duclos, woordelijk de tekst van de nieuwe grondwet: 'We moeten elk systeem van kolo-

nialisme, dat gebaseerd is op willekeur, uitsluiten. Als we zouden willen terugkeren naar het kolonialisme, zouden we zeer veel verliezen. Met de *Union française* daarentegen zal Frankrijk zijn posities handhaven onder het teken van de vrijheid.'[6]
Zelfs na het begin van de opstand van het FLN op 1 november 1954 wijzigde de PCF haar standpunt niet. In een lange verklaring veroordeelde het Politiek Bureau weliswaar 'het geweld waarmee getracht wordt de Algerijnse nationale beweging te breken', maar veroordeelde tegelijk de gewapende opstand van het FLN: 'De PCF kan in deze omstandigheden haar goedkeuring niet verlenen aan individuele acties, die in de kaart kunnen spelen van de ergste kolonialisten.' De PCF sprak haar steun uit 'aan de massastrijd van het Algerijnse volk tegen de repressie en voor zijn rechten'.[7] Van enige steun aan het streven naar onafhankelijkheid van het FLN was geen spoor te bekennen en dat zou nog een aantal jaren zo blijven.

Dat de houding van de PCF een niet geringe invloed had op de leiders van de KPB, was de jonge Jacques Nagels niet ontgaan. Toch twijfelde hij er geen ogenblik aan om zelf voor het FLN-netwerk te gaan werken. Vijfendertig jaar later heeft hij daar nog steeds geen spijt van: 'Ik wist zeer goed dat ik de partijleiding had moeten inlichten over mijn activiteiten. Maar ik wist even goed dat ik – als ik dat had gedaan – nooit toestemming zou hebben gekregen om klandestien werk te verrichten voor rekening van het FLN.'
Toch relativeert Jacques Nagels een en ander: 'Ik wist wel dat de partijleiding tegen een samenwerking was met het FLN. Maar in principe was de KPB niet tegen steun aan het FLN. De toenmalige partijvoorzitter Ernest Burnelle had contacten gehad met de leiders van het FLN, die hem hadden gevraagd of de partij hen niet kon steunen bij het klandestiene werk. Het antwoord van Burnelle was toen vrij eenvoudig: in principe zijn de Belgische communisten niet tegen zo'n samenwerking, maar ze wensen wel de organisatie zelf in handen te hebben. Op zich was dat een zeer begrijpelijk standpunt. De

Communistische Partij werd toen geleid door mensen, die de klandestiniteit van het verzet tijdens de Tweede Wereldoorlog zelf nog hadden meegemaakt. Zij wisten dus zeer goed waarover zij het hadden als het erop aankwam een klandestien netwerk uit te bouwen. Het FLN heeft dat geweigerd – en ook dat is heel begrijpelijk. De Algerijnen wilden de volledige controle over en verantwoordelijkheid voor hun eigen netwerk. Met ander woorden: de samenwerking tussen het FLN en de KPB is niet doorgegaan. De Italiaanse CP daarentegen heeft wel volledig meegespeeld: ook op het vlak van de illegale wapentransporten voor het FLN. De Franse CP van haar kant weigerde elke samenwerking met het FLN. Het was een zeer vreemde toestand. In Algerije hadden de communisten heel wat invloed – vooral dan onder de pieds-noirs. Formeel bestond er de PCA – de Algerijnse Communistische Partij. Maar eigenlijk bestond er geen Algerijnse CP. De Algerijnse communisten vormden een onderdeel van de Franse CP, net zoals Algerije destijds werd beschouwd als een Frans departement. Henri Alleg was een van de zeldzame Algerijnse communistische leiders, die actief met het FLN samenwerkte.'

Zonder medeweten van de partijleiding ging Jacques Nagels, die inmiddels in 1960 was verkozen tot politiek secretaris van de communistische studenten aan de ULB, aan de slag als *porteur de valises*.

'Wij waren dan misschien wel jong en onervaren, amateurs waren we zeker niet', zegt Nagels. 'Bij elke klandestiene tocht over de Belgisch-Franse grens gebruikten we twee auto's. De *voiture porteuse*, waarin al naargelang de missie mensen van het FLN of het Franse netwerk van Jeanson hadden plaatsgenomen of waarin klandestiene documenten of wapens werden vervoerd, werd voorafgegaan door een *voiture ouvreuse*, die een kwartier of een half uur eerder vertrok. Die auto was volledig clean. Twee man aan boord, zonder enige bagage of bezwarend materiaal. Deze auto werd vooruitgestuurd om de wegversperringen van de Franse politie en rijkswacht te lokaliseren, zodat de tweede auto op tijd kon worden gewaarschuwd.

Op 12 oktober 1960 werd ik samen met Maggy Van Loo door de Franse douane gearresteerd. De douaniers hadden de 1500 exemplaren van *Vérite Pour*, het verboden tijdschrift van Francis Jeanson, ontdekt aan boord van onze auto. Maar dankzij het systeem om steeds met twee auto's te rijden waren ze in België een half uur later op de hoogte van mijn aanhouding. De mannen aan boord van de *voiture ouvreuse* waren ongerust geworden omdat we niet meer volgden en zo hebben ze gemerkt dat de douaniers ons hadden geklist.'

'Van oktober 1960 tot februari 1961 zat ik opgesloten in de gevangenis van Avesnes, in het noorden van Frankrijk. Ik werd er al snel verantwoordelijk voor de bediening van de maaltijden aan mijn medegevangenen, onder wie een zestigtal Algerijnen, die om pro-FLN-activiteiten of op verdenking van FLN-lidmaatschap waren gearresteerd. Een van de ergste problemen – en alle Franse onderzoeksrechters en magistraten moeten daarvan perfect op de hoogte geweest zijn – waren de folteringen. De Algerijnen werden heel vaak vreselijk gemarteld. Toen ik in de gevangenis verbleef, was de koelkast een zeer geducht foltertuig. Algerijnen werden – onder doktersbegeleiding overigens – twee, drie dagen in een koelruimte opgesloten. Daarna werden ze er weer uitgehaald. Ze werden goed gevoed tot ze weer op krachten waren en dan begon de martelsessie opnieuw. Volgens de gevangenen was dat een vreselijke vorm van foltering. En het voordeel was: er was geen enkel spoor van mishandeling te bespeuren.'

'De Belgische advocaten hebben een zeer belangrijke rol gespeeld bij de verdediging van FLN-militanten', benadrukt Jacques Nagels. 'Toen ik in de gevangenis was beland had ik eerst twee communistische advocaten, Terfve en Raskin. Maar ik ben snel overgeschakeld naar de advocaten van het FLN. Wat logisch was: zij hadden heel wat ervaring met processen tegen het FLN. Mijn advocaat in Frankrijk was Serge Moureaux.'

Door een vergissing van de Franse justitie werd de aanvraag voor de verlenging van de voorhechtenis van Jacques Nagels te laat ingediend. Bijgevolg moest de gevangenisdirectie hem wel vrijlaten. Hij nam zo snel mogelijk een taxi en verdween over de Belgische grens. Wat geen onverstandige beslissing bleek te zijn. 'Later werd ik tot vijf jaar effectieve gevangenisstraf veroordeeld', vertelt Jacques Nagels nog steeds met de nodige binnenpretjes. 'Maar het heeft wel nog tot 1984 geduurd vooraleer ik opnieuw een voet mocht zetten op Frans grondgebied. Wat meteen ook mijn zeer slechte kennis van Frankrijk verklaart.'

'Na mijn arrestatie was ik uiteraard "verbrand" en was ik afgeschreven voor het klandestiene werk. Ik ben toen lid geworden van het Comité voor de Vrede in Algerije. Het klopt natuurlijk dat de solidariteit met het Algerijnse volk (en zeker het klandestiene werk) voornamelijk een Franstalige aangelegenheid was. Maar ik zelf heb na mijn vrijlating toch op tientallen plaatsen in Vlaanderen voordrachten gegeven over de oorlog in Algerije.'

Na zijn vrijlating werd Jacques Nagels op het matje geroepen door de KPB. 'De partijorganisatie, waarvan ik lid was, heeft mij (met een zeer kleine meerderheid overigens) een blaam gegeven – dat was de lichtste disciplinaire maatregel, die tegen partijleden kon worden getroffen. Die blaam werd niet gemotiveerd met het argument, dat ik voor rekening van het FLN had gewerkt. De maatregel werd uitgevaardigd omdat ik de partijleiding niet van mijn activiteiten op de hoogte had gebracht. Wat trouwens volkomen juist was.'

'Op het ogenblik van mijn arrestatie, hield het Belgische netwerk zich nog niet bezig met het transport van wapens. De mensen met wie ik tot dan had gewerkt, hebben later deze wapenleveringen vanuit Duitsland via ons land naar Frankrijk en zo naar Algerije op zich genomen. En dat was uiteraard het gevaarlijkste werk, dat het Belgische netwerk ooit heeft opgeknapt. Het apparaat, dat Francis Jeanson had uitgebouwd, was niet alleen actief in Frankrijk en België, maar ook in Duitsland en Zwitserland en in mindere mate in Italië.'

En mocht het vandaag te herdoen zijn? Jacques Nagels aarzelt niet:

'Ik zou heel zeker hetzelfde doen als vijfendertig jaar geleden. Wat er ook later is gebeurd, het FLN vocht voor een juiste zaak, laat daar geen twijfel over bestaan. De Algerijnse onafhankelijkheidsstrijders hadden meer dan honderd procent gelijk. Nadien heeft de top van het FLN – en het is erg vergelijkbaar met wat de verschillende communistische partijen in de socialistische landen in de Sovjetunie, in Midden- en Oost-Europa hebben aangericht – een perverse politiek gevoerd.'

Ook advocaat Marc De Kock kijkt allesbehalve met spijt terug op zijn Algerijnse periode.
'Ik vind dat ik toen gedaan heb wat ik moest doen en bovendien heb ik in die tijd professioneel enorm veel bijgeleerd. Want tenslotte waren het vaak zeer moeilijke zaken waarin wij moesten pleiten. En wij moesten dikwijls tot op de bodem gaan. Onze dossiers waterdicht voorbereiden. Alle juridische truukjes beheersen tot de allerlaatste spitsvondigheid toe.'
'In 1956 verdedigde ik voor het eerst een Algerijnse cliënt – het was een messalist, die in België was gearresteerd. In die tijd werkte ik ook voor het Internationaal Verbond van Vrije Vakverenigingen (IVVV), dat zijn hoofdzetel in Brussel had – en nog steeds heeft. Korte tijd later erkende het IVVV de FLN-vakbond UGTA officieel. Een van de eerste vertegenwoordigers van de UGTA bij het IVVV in Brussel was Charbi, ik denk dat zijn echte naam Dekkar was, als ik me goed herinner. In 1958 werd hij gearresteerd in Namen en opgesloten in de gevangenis van Dinant. Als advocaat van het IVVV werd ik belast met zijn verdediging. Op dat ogenblik heb ik dus mijn eerste contacten gelegd met kringen rond het FLN.'
Op 21 april 1958 werd het Comité voor de Vrede in Algerije opgericht. Onder de eerste oproep van het comité stonden niet meer dan 32 handtekeningen (een vijftal Vlamingen, de rest Walen en Brusselaars). Maar het ging telkens om mensen met heel wat invloed in de politieke wereld, de vakbonden, de universiteiten, de pers en de advocatuur. Een van de

ondertekenaars van deze eerste oproep voor de vrede in Algerije en tegen de Franse koloniale politiek was de 29-jarige advocaat Marc De Kock. Een van de doelstellingen van het comité was de 'verdediging van de Algerijnse arbeiders en vluchtelingen in België'.
Het was een publiek geheim dat de Belgische politiediensten en het gerecht nauw samenwerkten met hun Franse collega's bij de jacht op en de uitlevering van Algerijnse vluchtelingen. In Frankrijk woedde een genadeloze oorlog tussen het FLN en de messalisten, die hun partij in december 1954 hadden omgedoopt tot MNA (Mouvement National Algérien). De Franse politie en geheime diensten deden maar wat te graag een beroep op de MNA om het FLN te bestrijden en zo veel mogelijk klappen uit te delen. Vanaf 1957 had het FLN in Frankrijk een klandestien net opgebouwd, dat in het moederland zelf een tweede front moest openen met een hele reeks aanslagen tegen Franse doelwitten. De repressie tegen de Algerijnen in Frankrijk was bikkelhard en heel wat leden en sympathisanten van het FLN moesten uitwijken naar België. Niet alleen ondergrondse strijders van het FLN, maar ook leden van de vakbonden, sympathisanten van het FLN, die vlugschriften hadden verspreid, geld hadden ingezameld. De meeste Algerijnen, die de Frans-Belgische grens overstaken, werden gezocht door de Franse politie. En het grootste gevaar dat zij liepen was uitwijzing naar Frankrijk.

Onder impuls van het Comité voor de Vrede in Algerije werd in 1958 in België – naar Frans voorbeeld – een advocatencollectief opgericht, dat de verdediging van de Algerijnse vluchtelingen op zich nam. Marc De Kock, Serge Moureaux, Cécile Draps en André Merchie vormden de spil van het collectief. Hun belangrijkste bekommernis: verhinderen dat hun Algerijnse cliënten aan Frankrijk zouden worden uitgeleverd. Heel wat van deze Algerijnse vluchtelingen riskeerden in Frankrijk de doodstraf. Eind 1960, toen het Belgische advocatencollectief al zo'n twee jaar aan de slag was, waren er in Frankrijk 8 Algerijnen geguillotineerd. In de gevangenissen van Parijs, Lyon, Marseille, Lille, Rennes, Metz en Douai zaten 37 Algerijnen in de dodencel. Hun gratieverzoek was afgewezen.[8]

Om de zaak van de Algerijnse vluchtelingen te bepleiten en hun uitlevering aan Frankrijk te beletten, namen de advocaten van het collectief contact op met het ministerie van Justitie. Aanvankelijk vonden ze bij de toenmalige minister Pierre Harmel en zijn medewerkers gehoor. Maar na de regeringswisseling op 6 november 1958, kwam Merchiers op Justitie terecht. Het werd een periode waarin de Belgische politiediensten in het grootste geheim Algerijnen aan Frankijk uitleverden.
Terugblikkend herinnert Marc De Kock zich dat 'het in het begin zeer moeilijk werken was'. 'In België had je in die tijd – zeker in het Franstalige milieu – veel Fransgezinden. Maar ons werk werd met de jaren beter. Eerst en vooral waren wij allemaal op juridisch-technisch vlak zeer onderlegd. De kleinste juridische spitsvondigheden waren ons allesbehalve vreemd. We hadden op dat vlak de reputatie lastige en gevaarlijke klanten te zijn. Op een bepaald ogenblik was er één dienst van de vreemdelingenpolitie – die niet zo groot was dan vandaag – die niets anders deed dan zaken uitspitten, waar wij mee bezig waren. Veel hing ook af van wie aan het hoofd stond van het ministerie van Justitie. We hebben onder andere Merchiers als minister gehad. Toen was de druk van de Franse staatsveiligheid en politiediensten op het Belgische gerecht zeer groot. Nadien kwam de socialist Piet Vermeylen en werd het voor ons iets makkelijker werken. Vermeylen zat als minister even goed tussen hamer en aambeeld: aan de ene kant de Franse druk om de Algerijnen uit te wijzen en zeker niet te erkennen als politieke vluchtelingen en aan de andere kant zijn principiële opstelling dat deze mensen bescherming verdienden in ons land. Vermeylen paste de techniek van de wet op een zeer goede manier toe. Hij liet de Algerijnen hun asielaanvraag in-

dienen en dan werden die aanvragen niet meer behandeld en dat bleef dan zo tot op het einde van de oorlog. Trouwens, wij hadden op dit vlak een niet onbelangrijk principieel proces gewonnen. De rechter vonniste dat geen enkele Algerijnse asielzoeker mocht worden uitgewezen aan Frankrijk, aangezien hun zaak in behandeling was. Daardoor kregen de Algerijnen de facto het statuut van vluchteling, maar als individu werden ze nooit erkend. Geen enkele Algerijn is overigens in die periode ooit als politieke vluchteling erkend. Maar wij namen daar genoegen mee. Voor ons was daarmee de klus geklaard: onze cliënten werden niet aan de Fransen uitgeleverd.'

'Een ander belangrijk proces, dat ik me herinner als een echte testcase, was de zaak Arbaoui. De man was illegaal ons land binnengekomen en was uitgewezen en uitgeleverd aan de Franse politie. Mohammed Arbaoui slaagde erin uit zijn Franse gevangenis te ontsnappen en hij keerde terug naar België. Zijn proces hebben we gewonnen voor de Raad van State. En in dit dossier vonden we bovendien de directe bewijzen voor de zeer nauwe samenwerking tussen de Franse en de Belgische politiediensten. Mettertijd maakten we daar trouwens een specialiteit van. Via onze contacten met de Franse advocaten van het FLN, werden wij regelmatig op de hoogte gebracht van uitwijzingen van Algerijnen en van bewijzen van de samenwerking tussen Belgische en Franse politiediensten. Die dossiers speelden wij dan ook aan de pers door.'

In 1960 pleitten Marc De Kock en Serge Moureaux voor de Kamer van Inbeschuldigingstelling in Brussel (KIB) in het proces tegen drie Algerijnen, die met uitlevering aan Frankrijk werden bedreigd. Alle drie beklaagden riskeerden in Frankrijk door een militaire rechtbank ter dood te worden veroordeeld. Rabah Ouakli was in de buurt van Parijs betrokken geweest bij een vuurgevecht met de Franse gendarmerie. De twee anderen, Tahar Zaouche en Areski Abdi, werden in Frankrijk gezocht voor de moord op een lid van de MNA, die voor de politie werkte.

'In mijn pleidooi toonde ik aan dat er al sinds 1833 in België een wet bestond, die uitwijzing onmogelijk maakt als het om een politiek misdrijf gaat', zegt Marc De Kock. 'En de bewuste wet van 1 oktober 1833 was heel ruim opgevat. In artikel 6 stond zeer duidelijk dat het om delicten ging, "die verband houden met politiek"... Onze wetgever heeft in 1833 in het bijzonder diegenen willen beschermen, die een land ontvluchten om politieke redenen; diegenen, die vervolgd worden als gevolg van een politieke strijd, want in een land dat ten prooi valt van interne verscheurdheid, van buitengewone spanningen en bloedige politieke gevechten, bestaat er geen serene justitie', stelde ik in mijn pleidooi. 'Onze wetgever was destijds van oordeel dat in zo'n geval de rechtspraak een wapen wordt om te onderdrukken en niet om recht te spreken', zo besloot ik. Ook mijn twee confraters Serge Moureaux en Mourad Oussedik volgden dezelfde argumentatie. Maar het mocht niet baten. De drie rechters van de KIB bleven bij hun enge visie dat aanslagen tegen personen onder geen beding als politieke misdrijven konden worden beschouwd. Zij gaven dus een gunstig advies om de drie Algerijnen uit te leveren.'

'26 jaar later kwam ik 's avonds van bij vrienden en werd ik op straat aangesproken door een oud meneertje, dat zijn hondje even uitliet. Bleek dat het een gewezen magistraat van het Hof van Beroep in Brussel was, die mij had herkend. "Meester De Kock, ik ben blij u nog eens te zien, want ik moet u iets verklappen", zei hij. "Herinnert u zich nog die zaak van die drie Algerijnen, die moesten worden uitgeleverd aan Frankijk. Ik was toen een van de drie magistraten. De Kamer heeft toen beslist de drie uit te wijzen. Zoveel jaar na de feiten kan ik u wel het geheim van onze beraadslaging vertellen: het was twee tegen één. Ik was een van de twee magistraten, die voor hun uitlevering hebben gestemd. Achteraf heb ik me pas gerealiseerd dat ik me vergist had. Gelukkig zijn die drie Algerijnen nooit uitgeleverd. Maar die zaak heeft me lang beziggehouden. Ik ben blij dat ik u dit verhaal eindelijk kan vertellen."'

'Wij kregen regelmatig telefoontjes en dreigbrieven', vertelt advocaat De Kock. 'Zo herinner ik me een telefoontje – het was op kerstdag 1960 of 1961. Aan de andere kant van de lijn zei iemand dat er bij een zware bomaanslag van het FLN in Algiers zeer veel Franse slachtoffers waren gevallen en dat ze zich op ons zouden wreken, dat ze met ons zouden afrekenen. Het toeval wilde echter dat dit bericht die dag nergens bevestigd was. Pas een dag later brachten de grote persagentschappen verslag uit over de bomexplosie in Algiers. In Frankrijk liepen de advocaten van het FLN veel directer gevaar. Maar toch, ook wij kregen heel wat bedreigingen. En wij namen onze voorzorgen. Ik parkeerde mijn auto 's avonds nooit op dezelfde plaats. En 's ochtends, voor ik vertrok, keek ik altijd eerst eens onder de auto om te zien of er geen bom of springlading verborgen zat. In een café of een restaurant ging ik nooit met mijn rug naar het raam zitten. Ik wilde altijd kunnen zien wie er binnenkwam. Zeker na de moord op de Algerijnse student Akli Aïssou en de aanslagen op de Luikse hoogleraar Georges Laperches en Pierre Le Grève waren we nog meer op onze hoede.'

Op 9 maart 1960 werd Akli Aïssou door onbekenden neergeschoten, toen hij zijn woning verliet in de Lang Levenstraat in Elsene. Aïssou, een student geneeskunde, overleed tijdens zijn overbrenging naar het ziekenhuis. De jonge Algerijn stond in België aan het hoofd van de FLN-studentenorganisatie UGEMA (Union générale des étudiants musulmans d'algérie). De daders van deze aanslag zijn nooit gevonden.
Enkele maanden voordien al was er enige bezorgdheid gerezen binnen het Comité voor de Vrede in Algerije over mogelijke aanslagen. Begin oktober 1959 hadden Belgische douaniers aan de grenspost in Bléharies een bom ontdekt in een Franse auto. De drie inzittenden – allemaal Fransen, onder wie het ex-parlementslid Berthommier van de extreem-rechtse populistische partij van Pierre Poujade – werden ter plekke

gearresteerd en afgevoerd naar de gevangenis van Doornik. 'Meer dan een jurist stelde tot zijn grote verbazing vast dat het onderzoek al na drie weken was afgesloten en doorverwezen naar de correctionele rechtbank van Doornik', herinnert Marc De Kock zich. Het trio bommenleggers verscheen op 3 december voor de rechter. Zij verklaarden dat zij naar België waren gekomen om een actie te ondernemen tegen Cherif Attar, een Algerijnse cafébaas uit Charleroi, die lid was van het FLN en er door de Fransen van werd verdacht regelmatig onderdak te verlenen aan Algerijnse vluchtelingen.[9] Berthommier en zijn twee kompanen werden veroordeeld tot 2 jaar voorwaardelijk; 48 uur na het vonnis werden ze over de grens gezet.

Tien dagen na de begrafenis van de vermoorde studentenleider Akli Aïssou, ontdekte de echtgenote van Pierre Le Grève op 24 maart 1960 een verdacht pakket tussen de dagelijkse post. Het was een exemplaar van het boek *La pacification* van Hafid Keramane. Bij het doorbladeren merkte ze dat er in het midden van het boek een gat was gemaakt, waarin een eigenaardig voorwerp was verborgen. Behoedzaam bracht ze het verdachte boek naar de tuin en waarschuwde de politie. Het was inderdaad een bompakket en het mocht een klein wonder heten dat de springlading niet was afgegaan, toen ze het pakje opende.
Enkele uren later was het wel raak: in Luik. Omstreeks 17 uur opende professor Georges Laperches bij zijn thuiskomst de post. Ook hij had een exemplaar van *La pacification* gekregen. Toen hij het pakje opende, ontplofte de bom, die volgestouwd was met honderden nageltjes. Met afgerukte armen en zware verminkingen aan het gelaat werd de professor in allerijl naar het ziekenhuis gebracht. Enkele uren later was hij dood. Georges Laperches had in 1958 de oproep van het Comité voor de Vrede in Algerije ondertekend, maar hij was nooit actief lid geweest van het comité.
De moord op Akli Aïssou en de aanslagen op Pierre Le Grève

en Georges Laperches zijn nooit opgehelderd. Mark De Kock en Serge Moureaux zijn steeds van de hypothese uitgegaan dat de Franse geheime dienst achter de moord op Aïssou zat. Ook Pierre Le Grève vermoedde een Franse hand in de mislukte aanslag tegen zijn persoon en de geslaagde actie tegen de Luikse hoogleraar Laperches. In mei 1960, minder dan twee maanden na de moord op professor Laperches, werd zijn aandacht getrokken door een bericht in de Brusselse krant *La Libre Belgique*. De krant had het over 'een lijst van namen van bepaalde Belgen, die bereid bleken onderdak te verschaffen aan leiders van het FLN'.[10] 'De naam van professor Laperches kwam niet op deze lijst voor,' meldde de Brusselse krant voorts, 'maar het onderzoek dat de Staatsveiligheid sindsdien heeft gevoerd, moet deze dienst zeker in de mogelijkheid hebben gesteld zijn naam aan de lijst toe te voegen.'

Meteen spookte een bijzonder pijnlijk incident door Le Grèves hoofd. Op 2 februari 1958 was de eerste verantwoordelijke van het FLN in België, Mahmoud Hamouche, bij een routinecontrole in de buurt van Dinant gearresteerd door de rijkswacht. De Algerijn had een adressenboekje op zak, waarin zowat al zijn contactpersonen, vrienden en sympathisanten in België stonden genoteerd. Een godsgeschenk voor de politiediensten. Toen *La Libre Belgique* het over een lijst van personen had, die met het FLN samenwerkten, kon het moeilijk anders, dan dat die gebaseerd was op het in beslag genomen adressenboekje van Mahmoud Hamouche, zo luidde de redenering van Pierre Le Grève. En dat zou dan eens te meer hebben gewezen op de nauwe banden, die de Franse en Belgische geheime diensten met elkaar onderhielden.

De aanslagen van maart 1960 hadden in ieder geval het omgekeerde effect dan wat de daders er allicht van verwacht hadden. In plaats van de Belgen, die de Algerijnse nationalisten hulp boden, af te schrikken, kregen deze Belgen steeds meer gehoor. Vooral de brutale moord op professor Laperches zorgde voor een schok in de Belgische publieke opinie: de Algerijnse oorlog bleek inderdaad heel wat dichterbij dan tot dan toe werd aangenomen. De standpunten van het Comité voor de Vrede in Algerije vonden na maart 1960 steeds meer weerklank in de media, in diverse maatschappelijke organisaties en in de politieke wereld. In april 1960 verscheen op initiatief van de advocaten De Kock, Moureaux, Draps en Merchie een oproep van het Belgisch Comité voor Steun aan de Algerijnse Gevangenen. De lijst van ondertekenaars weerspiegelde een brede waaier van politieke stromingen, vakbondsorganisaties, academici: naast minister van Staat Camille Huysmans en de parlementsleden Brouhon, Busieau, Cudell en Pierson, ondertekenden tal van hoogleraren van de Vrije Universiteit van Brussel en de Katholieke Universiteit van Leuven. Voor de socialistische vakbond ABVV plaatste Georges Debunne zijn handtekening. Zijn christelijke collega Jacques Wynant, lid van het nationaal bureau van de christelijke vakbond ACV, deed hetzelfde. Op de lijst kwamen namen voor van jonge mannen, die het later in de Belgische politiek zouden maken. Philippe Moureaux (herhaaldelijk minister voor de PS) sloot zich bij de oproep aan als voorzitter van de Kring Vrij Onderzoek van de Vrije Universtiteit van Brussel. Wilfried Martens (van 1979 tot 1991 nagenoeg ononderbroken eerste minister) tekende als voorzitter van het KVHV (Katholiek Vlaams Hoogstudentenverbond) aan de Katholieke Universiteit van Leuven. Dezelfde Wilfried Martens nam contact op met de leden van het Comité voor de Vrede in Algerije om een extra nummer van *Ons Leven*, het weekblad van het KVHV, en *Ons Verbond*, het maandblad van de katholieke studenten aan de Rijksuniversiteit van Gent, te wijden aan de oorlog in Algerije.

De brutaliteit, waarmee het Franse leger en de ultra's van de OAS vooralsnog in Algerije het tij wilden doen keren, was ook in België dagelijks voer voor de kranten. De nooitgeziene repressie in Frankrijk – nagenoeg dagelijks grote razzia's, nachtelijk uitgaansverbod voor de Algerijnen en het trieste hoog-

tepunt van 17 oktober 1961 toen er bij een vreedzame betoging van meer dan 30 000 Algerijnen honderden doden vielen (tientallen lijken dreven in de Seine) – was ook voor de publieke opinie in België bijzonder schokkend.
Op 12 maart 1962 bereikte het Comité voor de Vrede in Algerije een nooit geëvenaard succes. In het Internationaal Rogiercentrum, in de buurt van het Brusselse Noordstation, nam de Franse filosoof en oorlogstegenstander, Jean-Paul Sartre, op uitnodiging van het comité, het woord voor meer dan 7000 toehoorders. Korte tijd voordien had een krachtige bom Sartres appartement in Parijs grondig vernietigd. Het comité had voor een sterke ordedienst gezorgd, die ondermeer bestond uit studenten van de Vrije Universiteit van Brussel, die werden geleid door Jacques Nagels.
Sartre, die vanaf het begin de oorlog in Algerije had bestreden, kreeg een staande ovatie. Nauwelijks vier maanden later was de oorlog in Algerije ten einde en was het land eindelijk onafhankelijk. Het Comité voor de Vrede in Algerije, het collectief van de advocaten en de leden van het klandestiene netwerk hadden hun taak volbracht.

# 4

## Schipbreuk van een 'model'

Op 20 december 1961, enkele maanden voordat op 3 juli 1962 de Algerijnse onafhankelijkheid officieel werd uitgeroepen en de leden van de Algerijnse Voorlopige Regering (GPRA) hun intrede deden in Algiers, legde de Franse schrijver en sartriaanse filosoof Francis Jeanson, de laatste hand aan zijn boek *La Révolution algérienne: problèmes et perspectives* (De Algerijnse revolutie: problemen en vooruitzichten). Het boek verscheen niet in Frankrijk, maar in Italië bij de inmiddels legendarisch geworden Giangiacomo Feltrinelli, die in 1968 in Milaan in mysterieuze omstandigheden om het leven kwam.[1] Dat Jeanson met zijn boek moest uitwijken naar Milaan was niet zo verwonderlijk. In Frankrijk was hij vanaf het begin van de Algerijnse onafhankelijkheidsoorlog in 1954 een van de spilfiguren geweest van wat *les porteurs de valises* heette: het klandestiene en semi-klandestiene netwerk, dat in de metropool actief verzet pleegde tegen het optreden van de Franse koloniale bewindvoerders in Algerije. De *porteurs de valises* speelden een niet onbelangrijke rol bij de logistieke steun aan de Algerijnse bevrijdingsbeweging (FLN). Het Franse netwerk transporteerde fondsen en wapens voor het FLN, zorgde voor onderduikadressen voor voortvluchtige FLN-leiders en militanten, zorgde voor advocaten en juridische bijstand voor vervolgde Algerijnen en verspreidde de klandestiene FLN-literatuur in Frankrijk. De *porteurs de valises* lieten zich op het thuisfront ook politiek niet onbetuigd. Zo voerden ze een actieve campagne om de jonge Fransen ervan te overtuigen dienst te weigeren in Algerije. Francis Jeanson was een van de grondleggers van het netwerk en moest zelfs lange tijd onderduiken. Jeanson had in Frankrijk als publicist en Sartre-kenner heel wat prestige verworven. In 1947 toen de volslagen onbekende en nauwelijks 25-jarige Jeanson een manuscript van zijn *Le problème moral et la pensée de Sartre* aan de peetvader van het existentialisme had overhandigd, werd hij meteen opgenomen in de kring van Sartres vertrouwelingen. Hij werd verantwoordelijk uitgever en lid van het redactiecomité van het in 1945 door Jean-Paul Sartre en Simone de Beauvoir opgerichte tijdschrift *Les Temps Modernes*. Bij de uitgeverij Le Seuil was Jeanson lange tijd directeur van de collectie 'Ecrivains de toujours', waar hij zelf werken over Montaigne en Sartre publiceerde.

Maar Francis Jeanson stond ook bekend als een tegenstander van het kolonialisme. En dat was in de jaren '50 en '60 minder vanzelfsprekend. Samen met Sartre had hij zich radicaal verzet tegen de oorlog in Indochina, die in 1954 zou eindigen met de nederlaag van de Franse troepen in Dien Bien Phu. Jeanson had een eerste keer kennis gemaakt met Algerije, tijdens de Tweede Wereldoorlog in 1943, een jaar na de Amerikaans-Britse landing in Algerije. Hij was toen onder de wapens in het Franse Armée d'Afrique (dat in het begin van de Franse kolonisatie van Algerije was opgericht om de opstand van Abd al-Kader en zijn moslimrebellen neer te slaan). De jonge Franse milicien stond versteld dat de overgrote meerderheid van de kolonisten in Algerije uitgesproken aanhangers waren van de pro-Duitse collaborateurs van de Vichyregering. Van het Franse verzet tegen de Duitsers moesten deze kolonisten niets weten. In een interview vele jaren later legde Jeanson het fenomeen op zijn manier uit: 'Ze waren bang van het verzet omdat ze aanvoelden dat er misschien wel eens een revolutionaire tendens in aanwezig zou kunnen zijn, die zich ook tegen de koloniale uitbuiting zou kunnen keren.'[2]

In zijn boek *La Révolution algérienne: problèmes et perspectives* schetste Francis Jeanson een vrij volledig beeld van de problemen, waarmee het nieuwe, onafhankelijke Algerije te kampen zou krijgen. Vierendertig jaar na publikatie blijkt hoe visionair Jeansons boek wel was.
'Men hoeft geen doctor in de rechten of de politieke econo-

mie te zijn om vast te stellen dat Algerije een onderontwikkeld land is', stelde Jeanson.[3] Een triviale uitspraak op het eerste gezicht, maar de realiteit, zoals die uit officiële cijfers en statistieken van de Franse koloniale overheid in Algerije bleek, loog er niet om.

De Fransen hadden in Algerije een vrij unieke vorm van bevolkingskolonialisme in de praktijk gebracht. Voor de Algerijnen – voor [illegible] pct. boeren en landarbeiders – had deze vorm van kolonialisme verwoestende gevolgen. Sinds het begin van de Franse koloniale onderneming in 1830 waren de *fellahs* (boeren) op grote schaal onteigend. In het begin van de onafhankelijkheidsoorlog in 1954 telde Algerije iets meer dan 10 miljoen inwoners: 9 240 000 Algerijnen (die in de toenmalige Franse publikaties gemakshalve als 'moslims' werden bestempeld) en 1 030 000 Franse kolonisten (die in de Franse statistieken als 'Europeanen' stonden ingeschreven). Uit de cijfers van de Délégation Générale en Algérie (het hoogste Franse bestuursorgaan) blijkt dat in 1954 de 6,5 miljoen Algerijnse fellahs over een gezamenlijk inkomen van 80 miljard toenmalige (oude) Franse frank beschikten. De 120 000 Franse boeren in Algerije hadden op hetzelfde ogenblik een gezamenlijk inkomen van 70 miljard (oude) Franse frank.[4]

Tijdens het koloniale bewind hadden de Algerijnse fellahs zelfs geen graantje kunnen meepikken van de 'ontwikkeling', die de Fransen naar eigen zeggen op gang hadden gebracht. In 1955 verscheen het rapport van de 'commissie-Maspétiol', een studiegroep, die in opdracht van de Franse regering de economische toestand in Algerije onderzocht en meer bepaald de financiële banden tussen de kolonie en de metropool. Daaruit bleek dat sinds het begin van de Franse kolonisatie het inkomen van de Algerijnse fellahs drastisch was gedaald. In de periode 1871-1880 bedroeg de jaarlijkse graanproduktie gemiddeld 2 miljard ton. Aan de vooravond van de onafhankelijkheidsoorlog (in de periode 1946-1953) was de graanoogst teruggevallen tot 1,6 miljard ton. In de veeteelt (toen een van de belangrijkste bronnen van rijkdom) was het verval nog dramatischer: in de periode 1871-1880 bezaten de Algerijnse fellahs een veestapel van 8,2 miljoen dieren. In 1953 was dit bestand nagenoeg gehalveerd: 4,3 miljoen stuks vee.[5] Terwijl de graanproduktie tussen 1871 en 1953 met 20 pct. en de veestapel met bijna 50 pct. daalde, verviervoudigde de Algerijnse bevolking (2,3 miljoen inwoners in 1871, 9,2 miljoen in 1954).

De Algerijnse boeren waren ook het slachtoffer van een massale landroof. Volgens het al eerder geciteerde rapport van de comissie-Maspétiol bedroeg het landbouwareaal in Algerije 6,8 miljoen hectaren: 4,6 miljoen hectaren werd door 6,3 miljoen Algerijnse fellahs bebouwd, 21 650 'Europese' kolonisten bewerkten 2,2 miljoen hectaren (van de beste landbouwgrond, die zich in het noorden van het land situeert).
Het Franse beleid voor krediet aan de landbouw begunstigde uitsluitend de kolonisten. Op 12 oktober 1955 verklaarde Violette, algemeen gouverneur in Algerije, in de Franse Kamer van Volksvertegenwoordigers dat de belangrijkste kredietinstelling voor de landbouw in Algerije (de Caisse algérienne de crédit agricole) 99 pct. van zijn kredieten aan 'Europese' boeren had verstrekt en slechts 1 pct. aan de Algerijnse landbouw.
65 pct. van de landbouwproduktie in het koloniale Algerije werd gedomineerd door de Franse boeren. De landbouw was volledig geïntegreerd in de Franse economie. Uit het rapport van de commissie-Maspétiol bleek dat de wijnproduktie in Algerije – zoals bekend drinken moslims geen alcohol – nagenoeg even groot was als de graanproduktie: respectievelijk 35 pct. en 37 pct. van de totale landbouwproduktie in 1955.

De totale ontwrichting van de landbouw had vernietigende gevolgen. In 1954 waren meer dan 1 miljoen Algerijnen werkloos (op een bevolking van 9,2 miljoen inwoners). Honderdduizenden geruïneerde boeren en landarbeiders verlieten het

platteland om het grote geluk te zoeken in de steden. In 1932 woonden 500 000 Algerijnen in de steden. In 1960 was dit aantal gestegen tot 2 miljoen.[6] Rond de grote steden ontstonden troosteloze sloppenwijken. 90 pct. van de Algerijnse bevolking was op dat ogenblik analfabeet. De levensverwachting van de Algerijn bedroeg 46 jaar, die van de Europese kolonisten 63. De kindersterfte bij de 1- tot 4-jarigen lag zes maal hoger dan bij de Europese bevolking.
Bij gebrek aan werk in eigen land zochten tienduizenden Algerijnen een toevlucht in het 'moederland', Frankrijk. Bij het begin van de onafhankelijkheidsoorlog in 1954 telde Frankrijk 170 000 Algerijnse arbeiders, in 1960 waren er dat al 223 000.[7]

Het Franse koloniale leger en het klandestiene OAS pasten tijdens de onafhankelijkheidsoorlog acht jaar lang systematisch hun politiek van de verschroeide aarde toe. Dorpen werden met napalm platgebrand, de terreurcampagnes van de OAS legden scholen, hospitalen en andere levensbelangrijke infrastructuur in de as. Op het ogenblik van de onafhankelijkheid kwam de klap op de vuurpijl: honderdduizenden Franse kolonisten verlieten ijlings het land. Algerije bloedde leeg en verloor bij wijze van spreken van de ene dag op de andere al zijn belangrijke experts en technici. De nieuwe machthebbers, die het land moesten heropbouwen, stonden voor een nagenoeg hopeloze taak.

Door zijn jarenlange contacten met het FLN was de Franse *porteur de valises*, Francis Jeanson, bijzonder goed geplaatst om de problemen van het nieuwe, onafhankelijke Algerije in kaart te brengen.
Zijn boek *La Révolution algérienne: problèmes et perspectives* was dan ook één groot pleidooi om in het onafhankelijke Algerije op de eerste plaats de sociaal-economische problemen van de meerderheid van de bevolking, de boeren en landarbeiders, snel en radicaal op te lossen.

'De koloniale overheersing, waaraan Algerije sinds 1830 is onderworpen,' stelde Jeanson, 'heeft het land niet alleen elke reële vorm van ontwikkeling verboden, maar heeft bovendien voortdurend het onevenwicht vergroot tussen de "traditionele sector" (nagenoeg de totaliteit van de Algerijnen) en de "moderne sector" (de Europese minderheid, die wordt gecontroleerd door de grote koloniale zetbazen en een aantal financiële groepen). Dat betekent echter niet dat er voor deze toestand geen remedies zouden bestaan. De wandaden van een kolonisering kunnen worden weggewerkt door een revolutionaire beweging, die gericht is op dekolonisering. De Algerijnse economie is diep getekend door het overwicht van de landbouwsector, de ondertewerkstelling van de plattelandsbevolking en het gebrek aan kapitalen. Voeg deze drie aspecten samen en al snel dringt zich de noodzaak op een beroep te doen op menselijk kapitaal, op arbeidsintensieve investeringen om op de eerste plaats de landbouw te ontwikkelen en op die wijze het kapitaal vrij te maken om daarna een begin te maken met de industrialisering.'[8]

Jeanson vertolkte hiermee een visie, die sinds het begin van de onafhankelijkheidsoorlog binnen het FLN sterk aan invloed had gewonnen. In 1956 publiceerde het FLN zijn 'politieke platform', waarin met nadruk werd gesteld dat 'een echte landhervorming de patriottische oplossing is voor de ellende op het platteland, die onverbrekelijk verbonden is met de totale vernietiging van het koloniale systeem.'[9]
Ook de pers van het FLN besteedde tijdens de oorlogsjaren zeer veel aandacht aan het landbouwvraagstuk in het toekomstige onafhankelijke Algerije. De krant van het FLN, *El Moudjahid*, schreef op 16 juli 1960: 'In Algerije, net zoals in alle onderontwikkelde landen, waar de plattelandsbevolking de overgrote meerderheid vormt, is de verbetering van het inkomen van de boeren niet alleen een oplossing voor het probleem van de transfer van kapitalen, maar ook voor het veel omvattender probleem, dat van de ontwikkeling van het land: een ern-

stige en revolutionair geïnspireerde landhervorming is de basis voor de industrialisering van Algerije.'

Francis Jeanson gaf zijn Algerijnse politieke vrienden de raad de snel door te voeren landhervorming – die per definitie collectivistisch en socialistisch moest zijn – te koppelen aan een programma voor 'reële democratie'. Voor hem was het duidelijk dat de nodige lessen moesten worden getrokken uit de collectivisering van de landbouw in de Sovjetunie en Oost- en Midden-Europa, waar bureaucratisch centralisme en genadeloze dwangmethoden een zware tol hadden geëist. 'Het komt er op aan tegelijk de landbouwsector radicaal te socialiseren en de producenten een maximum aan autonomie te vrijwaren. Deze twee noodzakelijkheden vullen, zoals is gebleken, elkaar trouwens aan: met voldoende geestdrift werken voor de collectiviteit kan pas als de structuren en de wetten van de collectiviteit een bewuste deelneming en een creatieve activiteit van iedereen niet uitsluiten, maar integendeel stimuleren. Trouwens, vanuit louter technisch oogpunt is het duidelijk dat de landbouw de economische sector bij uitstek is, waar de organisatie het soepelst en het sterkst gedecentraliseerd is.'[10]

Jeanson en met hem een niet onbelangrijke vleugel van het FLN waren uiteraard kinderen van hun tijd. Aan de vooravond van de Algerijnse onafhankelijkheid hing het schisma tussen de grote communistische broeders China en de Sovjetunie al duidelijk in de lucht. De Chinese communisten, die pleitten voor een zelfstandige ontwikkeling ('steunen op eigen krachten', zoals dat in het maoïstische jargon heette) en voor de absolute voorrang van de landbouw op een geforceerde industrialisering naar Sovjetmodel, konden op zeer veel sympathie rekenen bij de nationale bevrijdingsbewegingen in de kolonies en de jonge staten, die zich net hadden verenigd in de Organisatie van Niet-Gebonden Landen. Ook binnen het FLN werden de ontwikkelingen in China zeer aandachtig gevolgd. En dat is ook duidelijk merkbaar als Jeanson waarschuwt voor de 'mystiek van de industrialisering, die nog steeds diep geworteld zit en waardoor het revolutionair proces nog steeds in Sovjettermen wordt benaderd.' Als tolk van de radicale vleugel binnen het FLN stelde Jeanson zonder omwegen: 'Elke grootschalige industrialisering in een "agrarisch" land, die vooruit zou lopen op de volledige socialisatie van de massa van boeren, zou alleen maar als gevolg hebben dat het elan van deze massa zou worden afgeremd. Daardoor zouden de boeren ondergeschikt worden gemaakt aan een revolutionaire stroming, die op zich wellicht dynamischer is, maar geen werkelijke greep heeft op het geheel van het land.'[11]

Na de euforie van de onafhankelijkheid en de decreten van maart 1963 over het 'zelfbeheer van arbeiders en boeren' (toen een modewoord, dat was geïmporteerd uit het Joegoslavië van Tito, één van de meest prestigieuze leiders binnen de Beweging van Niet-Gebonden Landen, waarin de nieuwe Algerijnse leiders ook een vooraanstaande rol hoopten te kunnen spelen) bleek al snel dat er in het nieuwe Algerije geen ruimte was voor utopisten. Reële democratie, mobilisatie van de boeren voor een radicale landhervorming, de idee om van de landbouw de basis te maken van een onafhankelijke economische ontwikkeling en industrialisering waren hooguit nog stof voor academische debatten. De dagelijkse politieke praktijk van de nieuwe machthebbers was erop gericht zo snel mogelijk de oude koloniale structuren te vervangen door een eigen sterk gecentraliseerde staat. En die staat kwam in handen van de nieuwe ambtenaren, stuk voor stuk kaderleden van het FLN.

De eerste drie jaar van het onafhankelijke bewind in Algerije werden gekenmerkt door pseudo-socialistische experimenten als zelfbeheer voor de boeren en de landarbeiders, maar vooral door een bikkelharde machtsstrijd binnen het FLN. De 'zachte' staatsgreep van kolonel Houari Boumedienne op 19 juni 1965 zou een definitief keerpunt inluiden. Politiek en economie werden nog meer dan tevoren een zaak van de FLN-kaderleden en staatsambtenaren. En het nieuwe bewind had voortaan nog een tweede machtige pijler: het leger.

Alle plannen om in Algerije de landbouw en de verbetering van het levensniveau van de meerderheid van de bevolking – de boeren en landarbeiders – als uitgangspunt te beschouwen voor een eigen, zelfstandige en originele economische ontwikkeling, werden op 19 juni 1965 definitief opgeborgen. Voortaan zou het zwaartepunt op een snel doorgedreven industrialisering liggen, die betaald kon worden door het manna van de petroleum- en gasopbrengsten.

'Wie de geschiedenis van het onafhankelijke Algerije bestudeert, wordt getroffen door de permanente en fundamentele rol, die de inkomsten van de staat – en meer bepaald de petroleumopbrengsten – spelen in de ontwikkelingsstrategie van het land', aldus de Algerijnse economist Smaïl Goumeziane. Hij doceert vandaag aan de universiteit Paris IX Dauphine en was van 1989 tot 1991 minister van Handel. 'Die rol werd mogelijk via een dubbele interventie: de strijd om de controle en het beheer over de eigen nationale rijkdommen, die uiteindelijk leidde tot de nationalisatie van de strategische economische sectoren, meer in het bijzonder de nationalisatie in 1971 van de delfstoffenrijkdom.

Op het internationale vlak – meer bepaald binnen de Organisatie van Olieproducerende Landen (OPEC) – kwam Algerije op voor een herwaardering van de olie- en aardgasprijzen. Die dubbele interventie had één en hetzelfde doel: een maximale toeëigening van de petroleumopbrengsten en een sterk doorgedreven, gecentraliseerde, administratieve herverdeling van deze opbrengsten.'[12] In de postkoloniale tijdgeest van toen was het streven naar 'een maximale toeëigening' van de eigen bodemrijkdommen cruciaal voor een aantal pas onafhankelijk geworden landen uit de Derde Wereld. Algerije was op dit vlak trouwens een van de koplopers. In het gedekoloniseerde (maar in hoofdzaak neokoloniale) Afrika en Azië en in het door de Verenigde Staten strak aan de leiband gehouden Latijns-Amerika gingen steeds meer stemmen op voor een 'nieuwe internationale economische orde'. In het Westen hadden regeringsleiders en presidenten geen hoge hoed op van dit soort toespraken. Prijzen van petroleum, edele metalen, cacao, koffie, suiker en andere voor de westerse industrieën levensnoodzakelijke grondstoffen werden nu eenmaal gemaakt en gekraakt in Wall Street, de City van Londen en andere westerse beurscentra. En zo moest het blijven.

Algerije dankte zijn internationale, diplomatieke uitstraling aan zijn onverdroten inspanningen binnen (en buiten) de OPEC om zelf het prijsniveau van olie en aardgas te kunnen bepalen. En met de aardoliecrisis van 1973 leek dit beleid heel even een kans op slagen te maken. Meer nog, de Algerijnse politiek zou jarenlang voor erg troebele relaties zorgen tussen Brussel en Algiers. Na de crisis van 1973 ging ook ons land op zoek naar een meer gediversifieerd energiebeleid. De nucleaire lobby deed op dat ogenblik weliswaar de beste zaakjes, maar ook een land als Algerije leek handig op de westerse paniek in te spelen. Op 28 november 1975 sloten de Belgische gasmaatschappij Distrigaz en de Algerijnse staatsonderneming Sonatrach een historisch gasakkoord. In de geschiedenis van het postkolonialisme was het nooit eerder gebeurd dat een land uit de Derde Wereld zulke gunstige handelsvoorwaarden kon bedingen. De Algerijnen zouden voor een periode van 20 jaar een vaste hoeveelheid gas leveren (3,5 miljard $m^3$ jaarlijks) tegen een hoge (7 frank per $m^3$) en bovendien indexeerbare (en dus regelmatig opnieuw te onderhandelen) prijs. Met de regelmaat van de klok moest er opnieuw worden overlegd over dit akkoord – zo werd bijvoorbeeld het contract vanaf oktober 1982 nog eens voor 20 jaar verlengd voor een jaarlijkse levering van 5 miljard $m^3$, nog steeds tegen indexeerbare prijzen. Ook in 1986 waren er moeizame onderhandelingen tussen Distrigaz en Sonatrach. Telkens zorgden deze Belgisch-Algerijnse gesprekken voor heel wat commotie in de binnen- en buitenlandse pers. Washington kapittelde Brussel dat het de Algerijnen 20 tot 30 pct. boven de marktprijs betaalde voor het geleverde gas. De architect van het akkoord tussen Distrigaz en Sonatrach, de toenmalige Belgische minister van Economie, Willy Claes, kreeg jarenlang bakken kritiek te slikken over deze 'onbetamelijke geldverspilling'. Voor Claes was het gasakkoord in de gegeven omstandigheden in 1975 een economische noodzaak. Het had helemaal niets te maken met een of andere nobele gedachte dat de Algerijnen voor hun gasleveringen behoorlijk betaald dienden te worden, net zoals – pakweg – een helikopterfabrikant, een telefoonmaatschappij of een computerbedrijf, die voor elke geleverde prestatie met hun prijskaartje staan te zwaaien. Het akkoord Distrigaz-Sonatrach zorgde voor verhitte discussies en giftige commentaren in de pers. Volgend citaat uit het inmiddels ter ziele gegane weekblad *Pourquoi Pas?* geeft een idee van de toon, die er in die dagen werd aangeslagen. Op 23 december 1982 haalde Pierre Thonon in *Pourquoi Pas?* scherp uit naar de gulheid van Willy Claes en zijn opvolgers. 'De experten van Willy Claes hebben zich feestelijk vergist toen ze onze energiebehoeften voor de eerstkomende jaren twee keer te hoog hebben ingeschat. Ze hebben de Algerijnen, die op zoek zijn naar kopers, vrolijk de meest onvoorstelbare prijzen aangeboden. Ter vergelijking: terwijl wij voor het Hollandse gas uit Slochteren 100 frank betalen en voor het Noorse gas uit de Noordzee 108 frank, tellen we 149 frank neer voor het Algerijnse gas. Niet verwonderlijk dus dat men in Algiers de rode loper uitrolt voor meneer Claes en zijn geestesgenoot, SP-partijvoorzitter Van Miert. Als we onze – goed geïnformeerde – collega's van *De Morgen* mogen geloven – de enige krant die aanspraak mag maken op de titel 'Algerijns dagblad, dat in het Vlaams verschijnt'! – heeft Willy Claes bevestigd dat zijn contract Distrigaz-Sonatrach een uitstekende zaak is voor België.'[13]

In de internationale arena bleef Algerije een van de vurigste pleitbezorgers van de 'nieuwe economische wereldorde'. Op

10 april 1974 kreeg de Algerijnse president Houari Boumedienne tijdens de Algemene Vergadering van de Verenigde Naties in New York een staande ovatie toen hij in een militante toespraak eiste dat de olieproducerende landen zelf moesten kunnen beslissen over de prijzen.
Het Algerijnse streven was zonder meer gerechtvaardigd, maar kon echter niet verhullen dat onder de leiding van Boumedienne voor een bijzonder eenzijdig – volledig op de olie- en gasinkomsten gebaseerd – ontwikkelingsmodel werd gekozen. Niettemin waren de leiders van het FLN er heilig van overtuigd dat Algerije een 'model' was voor andere ontwikkelingslanden.

In 1963 werd de staatsmaatschappij Sonatrach opgericht. Het bedrijf werkte aanvankelijk samen met buitenlandse (voornamelijk Franse) ondernemingen. Zo was Sonatrach betrokken bij de aanleg van een nieuwe pijpleiding van Haoud El Hamra naar Arzew. In 1966 was het aandeel van de Algerijnse staatsmaatschappij in de nationale olie- en gasproduktie eerder bescheiden: 11,5 pct. Maar daar zou snel verandering in komen. In 1972 was Sonatrach al goed voor 77 pct. van de totale olie- en gaswinning. In 1968 had Sonatrach het monopolie gekregen van de olie- en gasdistributie. En in 1971 werd de hele sector definitief genationaliseerd en werd er een einde gemaakt aan het systeem van de concessies voor de buitenlandse bedrijven. Voortaan was de Algerijnse staat – via Sonatrach – baas over de olie- en gasopbrengsten, die in de eerstkomende jaren veelbelovend zouden blijven. Twee jaar na de nationalisatie van de Algerijnse petroleumsector brak de eerste grote oliecrisis uit. In nauwelijks enkele maanden tijd verdrievoudigden de olieprijzen. Een tweede spectaculaire prijsstijging deed zich voor na de Iraanse revolutie in 1979. Voor Algerije waren het gouden tijden. In 1973 verdiende het land 3 miljard dinar aan zijn olie- en gasexport, in 1979 al twaalf maal zoveel: 36 miljard dinar.

Het rijke en op het eerste gezicht onuitputtelijke petroleummanna zou de Algerijnse leider Houari Boumedienne en zijn medestanders nog sterken in hun overtuiging dat een snelle industrialisatie van het land de absolute voorrang moest krijgen. Bovendien leken de olie- en gasvoorraden (en dus ook de opbrengsten ervan) onuitputtelijk: 3,6 miljard $m^3$ aardgas en 1,2 miljard ton aardolie als reserve was niet niks. Ook vandaag nog blijft Algerije de grootste aardgasproducent binnen de OPEC. Dagelijks worden er op de Algerijnse olievelden 750 000 vaten aardolie opgepompt. Vergeleken met de 8 miljoen vaten dagelijks in Saoedi-Arabië kan dat weinig lijken, wat niet belet dat gas en olie goed zijn voor 95 pct. van de Algerijnse export.
In een mum van tijd werd de jonge Algerijnse staat niet alleen de oppermachtige politieke heerser, maar ook de onbetwiste economische leider. De staat incasseerde de gas- en oliewinsten en beschikte willekeurig over de aanwending ervan. De staat werd de belangrijkste investeerder. En de investeringen kregen de absolute voorrang op de binnenlandse consumptie. De industrialisatie was prioriteit nummer één. Alle plannen om Algerije via een plattelandsontwikkeling stap voor stap te moderniseren en te industrialiseren werden opgeborgen. Boumedienne koos voor een Algerijnse variante op het Sovjetmodel van een snelle en doorgedreven industrialisatie.
In het eerste driejarenplan (1967-1969) stond niet minder dan 9 miljard dinar aan investeringen van de staat ingeschreven. Tien jaar later in het driejarenplan 1977-1979 was dat bedrag opgelopen tot 106 miljard dinar. In de periode 1967-1969 werd er door de Algerijnse staat driemaal meer geïnvesteerd in de industrie dan in de landbouw. Tien jaar later was deze toestand nog schever getrokken. In de periode 1977-1979 investeerde Algerije twintig maal meer in de industrie dan in de landbouw.[14]

In 1967 had de Direction Générale du Plan (het Algerijnse Planbureau) een eerste document gepubliceerd, waarin de economische doctrine en de ontwikkelingsstrategie van de nieuwe machthebbers werd uiteengezet. De tekst liet weinig twijfel bestaan over de economische prioriteiten. 'De industrie speelt de centrale rol bij de herstructurering van de economie' en 'de ontwikkeling van de landbouw kan in geen geval de motor zijn van deze herstructering'. De tekst was ook bijzonder ambitieus: 'tegen 1980 moeten de werkloosheid en de ondertewerkstelling zijn uitgeroeid en moet het levensniveau van de armste lagen van de bevolking gevoelig zijn verbeterd.'[15]

Op het ogenblik dat de experts van het Planbureau hun economische doctrine uitwerkten, kampte Algerije nog steeds met een werkloosheid van om en bij de 30 pct. Volgens het Planbureau kon alleen de industriële ontwikkeling deze massale werkloosheid een halt toeroepen. In de jaren nadien werd er in Algerije weliswaar één en ander gepresteerd. Maar de uitdaging was ook enorm groot. In 1967 telde Algerije 12,5 miljoen inwoners. In 1980 – het jaar waarin de eerste fase van de economische ontwikkeling moest worden beëindigd – had Algerije een bevolking van 18,3 miljoen inwoners. Er werden inderdaad indrukwekkend veel nieuwe banen gecreëerd, maar onvoldoende om de massale werkloosheid wezenlijk te doen dalen. Bovendien waren het de logge staatsadministratie, de bouwsector, openbare werken en de dienstensector, die de overgrote meerderheid van deze nieuwe jobs voor hun rekening namen. Zoals in zovele andere Derde-Wereldlanden was de explosieve groei van de tertiaire sector eerder een blok aan het been, dan een teken van werkelijke vooruitgang.

De eenzijdige industrialisering 'naar socialistisch model' deed de Algerijnse landbouw op alle vlakken de das om. De kloof tussen stad en platteland werd met het jaar groter. De snelle uitbreiding van de industrie en de dienstensector vergrootte al even snel de loonverschillen. Vanaf het einde van de jaren '60, begin van de jaren '70, lagen de lonen in de industrie en de dienstensector al twee en meestal zelfs al drie keer hoger dan op het platteland. De meeste Algerijnse landbouwbedrijven (zelfs die van de staat) maakten doorgaans meer verlies dan winst. Het gevolg was een nog grotere vlucht naar de stad: in 1967 leefde nog 67 pct. van de Algerijnen op het platteland, tien jaar later was dit cijfer gedaald tot 58 pct. In 1967 stelde de landbouw nog meer dan 50 pct. van de Algerijnen te werk, in 1987 minder dan 30 pct.[16] Deze sterke daling was niet te wijten aan een doorgedreven modernisering en mechanisering van de landbouw, want die behoort tot de laagste in de wereld. De investeringen in de landbouw gingen drastisch achteruit. In 1970 was 10 pct. van alle investeringen voor de landbouw bestemd, in 1977 bleef er nog slechts 6 pct. van over.

De gevolgen lieten niet lang op zich wachten. In de periode 1962-1967 kon de landbouw nog min of meer gelijke tred houden met de binnenlandse vraag naar voedsel. Maar die toestand veranderde drastisch. In 1962 was er een graantekort van 84 000 ton, in 1986 was dit tekort al opgelopen tot 3,2 miljoen ton (40 maal zo hoog). In dezelfde periode steeg het tekort aan droge groenten van 4000 tot 123 000 ton, zo blijkt uit het jaarrapport 1987 van het Algerijnse ministerie van Landbouw.

Algerije werd voor zijn voedselproduktie steeds afhankelijker van de import. Eind jaren '60 kon de landbouw nog voor 93 pct. in de nationale voedselbehoeften voorzien, bij het begin van de jaren '80 nog slechts voor 30 pct.[17].

Het tekort moest worden ingevoerd uit het buitenland, waardoor de buitenlandse schuld van het land buiten alle proporties ging stijgen.

Ook al was de industrialisering de prioriteit nummer één van het FLN, echt denderende resultaten heeft het regime nooit kunnen voorleggen. Industriële projecten waren vaak megalomaan, zodat hun rendement en produktiviteit voortdurend beneden peil bleven. Een typisch voorbeeld daarvan was de staalindustrie. De staalfabrieken draaiden in het beste geval op 50 pct. van hun capaciteit; 60 pct. van de verliezen van de sector was te wijten aan deze lage produktviteit. Op het einde van de jaren '70 dekte de industriële produktie slechts een kwart van de nationale vraag.[18] En ook hier was de gouden regel: 'met gas en petroleum is alles te koop'. In de periode 1967-1987 nam de import van grondstoffen en uitrustingsgoederen voor de industrie met maar liefst 14 maal toe. De staalindustrie, de metaalnijverheid en de sectoren mechanica en elektronica waren in 1979 voor 65 pct. van hun behoeften (uitrusting, grondstoffen) afhankelijk van import, de chemische nijverheid voor 47,7 pct., de hout- en papiernijverheid voor 25,5 pct. en de mijnen en steengroeven voor 24,6 pct. Het grote probleem was echter dat vanaf het einde van de jaren '70, begin van de jaren '80, de olie- en gasprijzen steil naar beneden donderden. Zo zagen de Algerijnen hun opbrengsten uit de olie- en gasexport razendsnel slinken: 15 miljard dollar in 1980, 7 miljard dollar in 1986.

De steeds groter wordende afhankelijkheid van het buitenland zowel wat voedsel betreft als machines, uitrusting en grondstoffen voor de industrie zorgde voor een dramatische stijging van de buitenlandse schuld, die op dit ogenblik 26 miljard dollar bedraagt. De aflossing van deze schuld kost de Algerijnen 8 miljard dollar of 85 pct. van de jaarlijkse opbrengst uit de export. Ondanks de vrees voor nog grote sociale onrust en ondanks de nationale trots, die de Algerijnse leiders hebben geërfd van hun vroegere president Houari Boumedienne, moest er wel onderhandeld worden met het Internationaal Monetair Fonds (IMF) over een herschikking van de schuldenlast. In april 1994 bereikte Algiers met het IMF een zogenaamd 'stand-by-akkoord' dat voor een jaar geldig zou blijven. In ruil voor een nieuwe kredietlijn van 1 miljard dollar en een voorlopige herschikking van de schuld moest de Algerijnse regering de traditionele paarderemedies van het

IMF slikken. Het IMF eiste dat Algerije zijn inflatie zou beteugelen, in 1994 een groei van het Bruto Nationaal Produkt van 3,3 pct. zou verwezenlijken en van 6 pct. in 1995 en zijn begrotingstekort zou terugschroeven tot 3,3 pct. van het BNP [19]. En verder eiste het IMF dat Algerije zijn prijsbeleid en zijn buitenlandse handel zou liberaliseren en zijn openbare sector grondig zou saneren, waardoor tienduizenden banen op de tocht kwamen te staan. Op 10 april 1994 werd de Algerijnse dinar met 40 pct. gedevalueerd. Voor de Algerijnen, die al ettelijke jaren de buikriem moesten aanhalen, betekende dit uiteraard een nieuwe aanslag op hun toch al zwakke koopkracht. In het voorjaar van 1995 hadden het IMF en Algerije een definitief akkoord moeten ondertekenen over de herschikking van de schuldenlast. Maar de onderhandelingen verliepen uiterst moeizaam. Uiteindelijk werd op 21 juli 1995 een herschikkingsakkoord bereikt tussen Algiers en de Club van Parijs (waarin de 16 belangrijkste geldschieters van Algiers verenigd zijn). Het akkoord herschikt 7,5 miljard dollar van het totaal van 26 miljard dollar buitenlandse schuld. Een dag later werd in Algerije een nieuwe wet van kracht waardoor alle staatsbedrijven (met uitzondering van de gas- en olie-industrie) nu snel kunnen worden geprivatiseerd.

Maar echte beterschap is niet in zicht. De Algerijnse premier Mokdad Sifi verklaarde op 22 juli 1995 hoe de 5,3 miljard herschikte schulden (als gevolg van het stand-by-akkoord van april 1994) waren besteed. De premier moest meteen toegeven dat de Algerijnse 'ziekte' allesbehalve genezen is: 2,7 miljard dollar gingen naar de import van basisprodukten en 2 miljard dollar naar de invoer van consumptiegoederen. Mokdad Sifi waarschuwde dat de nieuwe herschikking 'een tijdbom dreigt te worden als de nationale produktie verder achteruit blijft gaan'.[20]

In 1994 stagneerde de economische groei (slechts +0,2 pct.), de inflatie steeg van 22 pct. in 1993 tot 28,7 pct. in 1994 en de werkloosheid bleef even rampzalig als de jaren voordien: 27 pct. van de Algerijnse actieve bevolking of 1,7 miljoen Algerijnen hebben geen werk. Voor de leeftijdscategorie van 18 tot 25 jaar bedraagt het werkloosheidscijfer maar liefst 58 pct. Jaarlijks dienen zich 250 000 jonge Algerijnen voor het eerst op de arbeidsmarkt aan. Voor deze jongeren is de toestand uitzichtloos. Veel alternatieven hebben ze niet: ofwel slijten ze hun dagen op straat, ofwel in de moskee (en via de moskee gaat het dan in het allerslechtste scenario naar het fundamentalistische maquis), ofwel storten ze zich op de nationale Algerijnse sport: de *trabendo*, zoals de Algerijnen hun zwarte markt noemen in hun nieuw bargoens met zijn mengeling van Arabisch, Frans, Spaans en Berbers. Het fenomeen is vrij recent en ontstond tijdens de 'gouden jaren' van president Chadli Bendjedid. Het meest in het oogspringende, het duidelijkst zichtbare van de trabendo zijn de nieuwe *porteurs de valises*. Ze hebben twee actieterreinen: het binnenland en het buitenland. Een niet onbelangrijk deel van de Algerijnse stedelingen brengt zijn dagen door voor de supermarkten van de staat. In Algerije is er aan alles gebrek. Zij hopen dat een gewenst produkt in de rekken zal opduiken (en dat kan vrijwel alles zijn: van scheerzeep tot televisietoestellen en koelkasten). Dat wordt dan massaal ingekocht en voor het dubbele (of meer) van de prijs doorverkocht op de zwarte markt. De grootste koelkastenfabriek van Algerije staat in Tizi-Ouzou. De fabrieksdirecteur, die niet in staat is zijn arbeiders regelmatig een loonsopslag toe te kennen, is een uiterst spitsvondig man. Hij schenkt zijn arbeiders een bepaald quotum koelkasten (en andere huishoudtoestellen) en die worden tegen een woekerprijs doorverkocht. Het parkeerterrein voor de fabriek is dan ook omgetoverd tot een grote soek. En dan zijn er de nieuwe *porteurs de valises*. Duizenden (voornamelijk jonge) *trabendisten* reizen voortdurend met opvallend grote koffers heen en weer tussen Algiers en Marseille (of Barcelona en Rome), waar ze allerlei schaarse waren inslaan (van kleding, nylonkousen tot autobanden, autoradio's en andere wisselstukken), die ze bij hun terugkeer met een fikse winst aan de man brengen. Dat is de 'kleine trabendo', de corruptie en het gesjoemel van de kleine man, de proleet en de pauper. De jaaromzet van deze kleine trabendisten wordt op 10 miljard dinar geraamd.[21] Een niet onbelangrijk deel van deze zwarte handel is in handen van de fundamentalisten, die onder het enorme werklozenleger naar hartelust *porteurs de valises* kunnen rekruteren.

Maar de Algerijnse parallelle economie heeft ook haar 'grote trabendo' en die is jaarlijks goed voor een zakencijfer van voorzichtig geschat 50 miljard dinar. Ook de grote trabendisten hebben twee actieterreinen: het binnenland en het buitenland. Zij wonen echter niet in de armoewijken van Bab el Oued of Kouba. Zij hebben riante villa's, fijn gedecoreerde, ruime appartementen en een goede baan in de administratie, de industrie en het leger.

De extreme afhankelijkheid van Algerije van het buitenland heeft deze grote trabendisten geen windeieren gelegd. Bij elke grote buitenlandse aankoop, bij elk belangrijk contract met buitenlandse bedrijven eisen zij een flink commissieloon. Smeergeld is hun specialiteit.

Ook de binnenlandse markt van de grote trabendisten is bijzonder lucratief. Tot voor kort stond de Algerijnse staat nagenoeg volledig in voor de distributie van vrijwel alles: gebouwen voor administratieve diensten, bedrijven, universiteiten, woningen en appartementen voor particulieren; grondstoffen, uitrusting en machines voor de industrie en de dienstensector. De mannen aan de top van dit distributienet (allemaal leden van het FLN-apparaat) laten zelden of nooit de kans liggen om hun procentje op te eisen.

Hoeveel 'gemeenschapsgeld' er tijdens de 30 jaar FLN-heerschappij op deze en andere wijzen is verduisterd, blijft uiteraard een groot mysterie. Maar volgens de Algerijnse krant *El Watan*, die op 19 januari 1995 'een voormalige eerste minister' citeerde, mag men uitgaan van een som van 26 miljard dollar. Dat is precies het bedrag van de Algerijnse buitenlandse schuld.

Op 18 januari 1992 landde een van de zes historische leiders

van het FLN ten tijde van de onafhankelijkheidsoorlog na een lange ballingschap in Marokko op de luchthaven van Algiers. Mohammed Boudiaf was door de militaire regering (het Hoog Comité van de Staat) uit zijn ballingsoord teruggeroepen om 'het vaderland te redden'. Boudiaf liet vanaf het begin duidelijk verstaan dat de strijd tegen de corruptie een van zijn topprioriteiten zou zijn.
Drie maanden later rolde de eerste kop. Generaal Mostefa Benloucif, de voormalige stafchef van het Algerijnse leger ten tijde van president Chadli Bendjedid, werd gearresteerd op beschuldiging van corruptie en verduistering van openbare fondsen. Generaal Benloucif werd vervolgd op basis van een rapport van de legerleiding. Hij werd ervan beschuldigd in de jaren '80 om en bij de 230 miljoen (Belgische frank) te hebben verduisterd.
Heel wat Algerijnen hadden gehoopt dat de arrestatie van generaal Benloucif het begin van het einde zou inluiden van de maffia, die al zo lang het land had bestuurd.
De hoop was snel vervlogen: op 29 juni 1992 werd de 'redder van het vaderland', Mohammed Boudiaf, vermoord door een onderluitenant van het leger ('de moordenaar had banden met de fundamentalisten', zo stond in het eindrapport van het officiële onderzoek – 'de moordenaar handelde in opdracht van zijn meerderen', schreef een aantal kranten en hun lezers waren meer dan bereid deze versie te geloven). Feit is dat sinds de arrestatie van generaal Benloucif (hij kreeg begin 1993 15 jaar gevangenis) de strijd tegen de corruptie weer is gestaakt.

Het Algerijnse 'model' – een mythe die door kolonel Houari Boumedienne graag werd bezongen – heeft schipbreuk geleden.
En diegenen, die de boot hebben doen zinken, zijn bekend: zij zwaaiden in naam van het FLN 30 jaar lang de plak in het presidentieel paleis, de ministeries, de banken, de staatsmonopolies en de legerkazernes. Hun economisch wanbeleid en hun grenzeloze corruptie hebben het pad geëffend voor

het fundamentalisme, dat vandaag gewapend met kalachnikovs, hakbijlen en slagersmessen het land en zijn bevolking terroriseert.

# 5

# Het FLN spreidde het bedje van de fundamentalisten

Net zoals de oude nationalistische beweging ten tijde van Messali Hadj, was ook het FLN een vat vol tegenstrijdigheden. Alleen had het FLN de gewoonte aangenomen tegenstrijdigheden en zelfs flagrante tegenstellingen op autoritaire wijze binnen de perken te houden en te controleren. Na de onafhankelijkheid in 1962 en zelfs in versneld tempo na de staatsgreep van kolonel Houari Boumedienne in 1965, wilde het FLN de postkoloniale maatschappij, administratie en economie volledig onder de controle van de staat brengen, wat in de praktijk neerkwam op een allesomvattende controle van het FLN-apparaat. Dat project werd merkwaardig genoeg gecombineerd met een maatschappelijk-culturele politiek, die gestoeld was op vage, bijna mythische en sterk geïdealiseerde denkbeelden als 'authenticiteit' en 'cultureel herstel'. Het klopte natuurlijk dat de Franse koloniale overheersing een culturele puinhoop had achtergelaten, een verweesde natie, die sterk vervreemd was van haar eigen culturele identiteit. En de plannen van het FLN om het land tot een 'cultureel herstel' te brengen werden omgezet in de meest tegenstrijdige maatregelen, die belangrijke sociale en culturele gegevens van de Algerijnse maatschappij verdoezelden.

De voorbeelden zijn legio. Binnen het FLN, maar ook daarbuiten – en dat was vooral het geval met de niet onbelangrijke groep van Franstalige Algerijnen in de grote steden – bestond een sterke stroming, die het republikeinse gedachtengoed erg genegen was: de burgerlijke vrijheden, zoals die voor het eerst door de Franse revolutie waren geformuleerd en vooral het idee van de lekenstaat – de strikte scheiding tussen staat en religie.

Het FLN legde die realiteit naast zich neer. Voor, tijdens en na de onafhankelijkheidsoorlog had het FLN nooit uitgeblonken in het opstellen van belangrijke programmateksten. De fundamentele documenten van het FLN, waarin een strategische, lange-termijnvisie wordt uitgewerkt, zijn te tellen op de vingers van één hand. Een van de belangrijkste teksten van het FLN was het 190 pagina's tellende *Nationaal Charter* van 1976. In dat *Charter* riep het FLN zonder enige dubbelzinnigheid de islam uit tot staatsgodsdienst. 'Het Algerijnse volk is een moslimvolk. De islam is de godsdienst van de staat', zo stond in de aanhef van de tekst.[1] En verder: 'de islam is een integraal onderdeel van onze historische persoonlijkheid en heeft aangetoond een van de machtigste vestingen te zijn tegen alle pogingen om ons te depersonaliseren. Het is in een militante, strenge en door een zin voor gerechtigheid en gelijkheid bewogen islam, dat het Algerijnse volk zich terugtrok op de moeilijkste ogenblikken van de koloniale overheersing en er die morele energie uit putte, die spiritualiteit, die het volk heeft behoed voor wanhoop en het in de mogelijkheid heeft gesteld te overwinnen.' 'De revolutie plaatst zich wel degelijk binnen het historisch perspectief van de islam,' zo stond in het *Charter*, 'de islam in zijn juiste zin opgevat, is met geen enkel privé-belang met geen enkele specifieke clerus verbonden, noch met enige tijdelijke macht. Het feodalisme noch het kapitalisme kunnen de islam opeisen of er zich op beroepen.' En tenslotte: 'dat betekent dat elke onderneming, die er vandaag op gericht is het moslimdenken herop te bouwen en geloofwaardig wil zijn, noodgedwongen een veel ruimere beweging zal moeten zijn: zij moet de maatschappij totaal hersmeden.'

Het klonk de fundamentalisten als muziek in de oren. Volgens de Algerijnse historicus en politicoloog Mohammed Harbi lieten de gevolgen niet lang op zich wachten. 'De richtsnoeren van dit "herstel" van deze "restauratie" zijn bekend: een nationaliteitscode, die een onderscheid maakt tussen oorspronkelijke nationaliteit, die bepaald wordt door het feit of iemand ja dan nee moslim is, en verworven nationaliteit; een delaïcisering van het onderwijs door de invoering van godsdienstonderricht en de wil om van de arabisering een demagogisch instrument van sociale controle te maken; een bevestiging van de uitsluiting van de vrouwen; uitbreiding van het netwerk van moskeeën; repressie tegen de democratische organisaties... het waren allemaal maatregelen die de prijs vormden van de verstaatsing van de godsdienst en een visie op de Algerijnse geschiedenis, die het Berberse verleden en het koloniale (dus Franstalige) verleden verdonkeremaanden.' En Harbi stelt tenslotte vast dat al deze maatregelen de kloof tussen 'Franstaligen en Arabischtaligen' alleen maar heeft vergroot. 'De eersten beheren het leger en de economie, de laatsten houden zich bezig met het onderwijs, de cultuur, de justitie, sectoren waarvan naïef werd gedacht dat ze van ondergeschikt belang waren.'[2]

Harbi herinnert er ook aan dat het FLN-regime op regelmatige tijdstippen zelf zeer actief de islamitische kaart trok. 'De machthebbers maakten van de islam hun nieuw credo dat in dienst werd gesteld van het eigen machtsbehoud. Tussen 1980 en 1982 had het regime eerst getracht de islamitische beweging, die aan belang had gewonnen, te onderdrukken. De machthebbers werden toen geconfronteerd met het ontstaan van de eerste gewapende groepen en vooral met het gewicht van het fundamentalisme aan de universiteit. Nadien zal het regime trachten de islam te instrumentaliseren en uit te spelen tegen de culturele beweging van de Berbers en de aanhangers van het laïcisme, die van de macht zijn uitgesloten.'

Iemand die deze evolutie van het FLN-beleid – demagogische oproepen om te 'arabiseren', het uitroepen van de islam tot staatsgodsdienst, het openstellen van de scholen voor islamonderricht en buitenlandse 'arabiserende' leraars – steeds met een bang hart van nabij en vanaf het prille begin heeft gevolgd, is de romancière en cineaste Assia Djebar. In de Algerijnse literatuur neemt Djebar een aparte plaats in, alleen al vanwege het feit dat ze op 20-jarige leeftijd een niet onbelangrijk taboe doorbrak: 'Arabische vrouwen schrijven geen boeken'. Zij was de eerste Algerijnse, die in 1956 met een roman (*La Soif*) uitpakte. Een jaar later, in 1957, zat ze in Tunis, waar ze medewerkster werd van de Martiniquaanse schrijver Frantz Fanon, die toen hoofdredacteur was van het FLN-weekblad *El Moudjahid*. Inmiddels zijn ook twee van Djebars boeken in het Nederlands vertaald: *De schaduwkoningin* (1991) en *Ver van Medina. Dochters van Ismaël* (1993).[3]Assia Djebar was overigens ook de eerste Algerijnse vrouw, die in 1955 werd toegelaten tot de prestigieuze École normale supérieure in het Franse Sèvres. Haar studentencarrière nam onmiddellijk een geanimeerde start. In 1956 beslisten de Algerijnse studenten in Frankrijk uit protest tegen de koloniale politiek om in staking te gaan en de examens te boycotten. Ook Assia Djebar weigerde zich aan te bieden voor de examens en maakte van de extra vakantie gebruik om haar eerste roman te schrijven. Ze werd op 20-jarige leeftijd in een klap beroemd. Interviews gaf ze slechts zelden en als het toch moest, wilde ze alleen maar met een donkere bril op de foto. Dat was de manier waarop ze onbekend wilde blijven, of tenminste wilde vermijden dat haar vader via foto's in de krant te weten zou komen dat ze een bekendheid was geworden.

Op onze vraag of schrijvers, dichters en intellectuelen in het Algerije van vandaag niet veel meer redenen hebben dan zij destijds om zich te vermommen en een zwarte bril op te zetten, volgt een bedroefd, nostalgisch antwoord: 'Helaas wel, ja. Er zijn al zo veel van mijn collega's vermoord. Maar dat verhaal van die donkere bril moet je toch even in zijn tijdsbeeld plaatsen. Die zonnebril had eerder te maken met de relatie, die ik toen had met mijn familie en meer in het bijzonder met mijn vader. Hij was voor zijn tijd een ruimdenkend man en dat maakte dat ik voorbestemd was om als een van de eerste Algerijnse meisjes na mijn humaniora hogere studies aan te vatten. Hij had voor mij een briljante loopbaan aan de universiteit gepland. Maar de oorlogsjaren hebben daar drastisch in ingegrepen. Wij gingen aan de universiteit in staking, we weigerden examens af te leggen. Ik ben op heel jonge leeftijd – in 1956 toen ik in Frankrijk studeerde – aan mijn eerste roman begonnen. Ik beschouwde het schrijven toen als een vorm van solidariteit, ook al ging mijn eerste roman niet over de oorlog. Ik heb die roman in twee maanden tijd geschreven, en acht of negen maanden later werd het boek gepubliceerd onder een pseudoniem. En dat had alles met mijn vader te maken – eigenlijk was die eerste roman niet meer dan een liefdesverhaaltje. Ik was toen 20 jaar oud en ik wilde absoluut niet dat mijn vader zou denken dat dit een autobiografische roman was. Mijn reactie was waarschijnlijk niet anders dan die van een een 20-jarige Belgische of Nederlandse uit een puriteins gezin, die plots in het openbare leven wordt gegooid. De kranten hadden al veel belangstelling voor mij getoond, toen ik als een van de eerste Algerijnse meisjes naar het Franse hoger onderwijs overstapte. Ik heb vier romans geschreven toen ik nog zeer jong was – tussen 20 en 30 jaar. En ik had helemaal geen zin om daarover met mijn vader of moeder te praten, omdat ik mij op een heel nieuw terrein had begeven, het domein van de vrijheid. En in onze cultuur was dat volkomen nieuw. Tot dan was er geen enkele Algerijnse romanschrijfster geweest. Bovendien schreef ik in het Frans, de taal van "de anderen", de taal van "de vijand", terwijl wij thuis Arabisch praatten. Ik leidde dus een dubbel leven. Ik was heel timide, ik gaf zelden interviews, omdat mijn leven, na het succes van mijn eerste roman, niet overeenstemde met het publieke leven dat ik verondersteld was te leiden. Mijn vader verwachtte van mij dat ik mijn universitaire loopbaan zou beëindigen. En dat heb ik ook gedaan. In 1962, toen Algerije onafhankelijk werd, was ik de enige vrouw in het land, die aan de universiteit doceerde. Men wilde me toen een aantal verantwoordelijkheden geven in de universitaire wereld, die ik geweigerd heb. Op een bepaald ogenblik werd mijn positie als historica aan de universiteit zeer moeilijk: we moesten "arabiseren" en op dat ogenblik heb ik de universiteit verlaten. Sindsdien breng ik mijn tijd door tussen Algiers en Parijs en tussen Parijs en Algiers.'

Assia Djebar weet beter dan wie ook hoe 'de Algerijnse intellectuelen altijd heen en weer geslingerd zijn tussen twee talen'. 'Na de onafhankelijkheid heeft Algerije een enorme inspanning geleverd op het vlak van de analfabetisering – en dat is vooral een kwantitatieve operatie geweest om er zo veel mogelijk Algerijnen bij te betrekken. Maar daarbij is men straal aan het dagelijkse leven voorbij gegaan. In plaats van tweetaligheid of drietaligheid aan te moedigen, die in het dagelijkse leven voorhanden is – er zijn Algerijnen die Arabisch en Berbers praten, of Frans en Arabisch of zelfs de drie – heeft men in naam van de Arabische taal, die in ere moest worden hersteld – en het is waar dat het Arabisch door de Franse kolonisering in de verdrukking was gekomen – een eenheidstaal ingevoerd: het klassieke, strikte formele Arabisch, ook al spreken de meeste Algerijnen een Arabisch dialect. Ik zelf spreek het Arabisch dialect, ik zou gewoon niet in staat zijn in klassiek Arabisch les te geven, ik zou het niet kunnen. Dat "arabiserend" beleid heeft ons gemarginaliseerd: niet alleen de Franstaligen, vooral de Berbers waren "verdacht". En om dat taalbeleid door te voeren heeft de Algerijnse overheid zo veel mogelijk coöperanten uit het Midden-Oosten aangevoerd. De "arabisering" werd onder hun leiding doorgezet, zonder dat daarbij de nodige controle werd verricht op de inhoud van het onderwijs dat deze mensen verstrekten. Men ging helemaal niet na of de lessen, die deze mensen aan de Algerijnse kinderen gaven, inderdaad blijk gaven van modernisme, democratie, openheid en vooral van kritische ingesteldheid. Met andere woorden: de culturele politiek, die in Algerije werd bedreven, is er nooit in geslaagd de taalkwestie te ontmijnen, laat staan er een bron van verrijking in te ontdekken. Want de meeste Algerijnen zijn en blijven meertalig. Als historica heb ik dat probleem van zeer nabij beleefd: om de archieven te lezen – zeker wat de moderne geschiedenis betreft – moet je naast Arabisch ook Frans en Spaans kunnen lezen en begrijpen.'

Heel wat Algerijnse schrijvers en intellectuelen hebben het heel vaak over hun 'identiteitscrisis'. Ook Assia Djebar kan daar een hartig woordje over meepraten. Het cultuur- en onderwijsbeleid van de Algerijnse postkoloniale, onafhankelijke staat heeft die identiteitscrisis niet opgelost, maar integendeel versterkt.
'Voor de makers van het onderwijsbeleid was het probleem om de Algerijnen maximaal toegang te verschaffen tot het secundair onderwijs op de eerste plaats een kwestie van kwantiteit, minder van kwaliteit. Ik zei het al, er werd nauwelijks toegezien op de kwaliteit van de alfabetiseringscampagnes en de programma's, die in de scholen werden afgehaspeld. De bevolking in Algerije is sinds de onafhankelijkheid in 30 jaar weliswaar drie maal toegenomen, maar toch. Wat het fenomeen verklaart dat men gealfabetiseerd heeft, maar geen echte opvoeding heeft verstrekt. Een kras voorbeeld daarvan is de televisie. Algerije is in Afrika het land dat het meest ontwikkelde televisienet heeft. In Algerije kun je in het meest afgelegen dorp, waar er nauwelijks een weg, maar wel elektriciteit is, televisie vinden. En het toeval wil dat dit geen Algerijnse, maar Europese televisie is. Je moet je dat eens voorstellen: je woont in een dorp waar er gebrek is aan letterlijk alles, er is amper stromend water en als kind draai je de knop van het televisietoestel om en je ziet in de reclamespots alles wat een kind in Brussel of Parijs kan kopen. Zoiets kan alleen maar frustraties kweken. Het beeld, dat de Algerijnse kinderen en jongeren van de rest van de wereld krijgen hebben ze hoofdzakelijk via het medium televisie. Daarbij komt dan nog eens dat Algerije nooit zijn schoolsysteem in de hand heeft gehad. De overheid liet een massa buitenlandse leerkrachten aanruk-

ken – begrijp me alsjeblieft niet verkeerd, ik heb helemaal niets tegen Egyptenaren, Iraki's of Palestijnen – maar deze mensen, die de Algerijnse jeugd moesten vormen en opvoeden hadden weinig affiniteiten met de Algerijnse realiteit, met het heden en het verleden, meer bepaald met wat de oorlogsjaren hebben betekend voor de Algerijnen. En dat kan niet anders dan tot een ernstige identiteitscrisis leiden. Komt daar nog bij dat de Algerijnse overheid de jonge generatie nooit veel te bieden heeft gehad op economisch vlak. Ze gingen tot pakweg hun 18e naar school om dan plots op straat te staan met niets omhanden.'

'Men heeft nooit de nodige aandacht besteed aan de pedagogie in mijn land. Ik ben bijvoorbeeld historica. Na de onafhankelijkheid vroeg men mij om deel te nemen aan een commissie, die het programma voor het geschiedenisonderwijs moest uitwerken. En al spoedig kwam ik in botsing met de heersende opvattingen. Men ging ervan uit dat alle programma's in het Arabisch moesten worden opgesteld. Het Frans was een taal voor de universiteiten, het Arabisch was de taal voor het gewone volk. Geschiedenisonderwijs is op de eerste plaats een onderwijs in kritische geest, het is een onderwijs dat het verleden en het heden ernstig bediscussieerd. En in het zogenaamde gearabiseerde programma werden hele hoofdstukken uit de geschiedenis weggelaten: de antieke wereld, de oude Grieken, het Romeinse rijk. In het Algerijnse onderwijs begon de geschiedenis in de islamitische middeleeuwen. Het Algerijnse ministerie van Onderwijs besliste van de ene dag op de andere dat heel het onderwijssysteem op het Arabisch moest overschakelen, terwijl het Arabisch niet eens beschikte over een vocabularium voor een hele reeks wetenschappelijke disciplines. Men zwaaide voortdurend met het zogenaamde Syrische voorbeeld. In Syrië worden zelfs lessen geneeskunde en wiskunde in het Arabisch gegeven, zo heette het toen. Wat men er evenwel niet bij vertelde was dat het Syrische onderwijssysteem op twee snelheden draaide: de gegoede

Syrische bourgeoisie stuurde haar kinderen voor hun opleiding naar de Verenigde Staten of naar Europese universiteiten, terwijl de doorsnee Syrische student het met slechte cursussen en ondermaatse lessen in het Arabisch mocht doen. In Algerije stelden de eerste studentengeneraties dan ook snel vast dat ze slecht waren opgeleid en dat hun diploma's weinig of geen waarde hadden. De Algerijnse overheid stuurde weliswaar ook heel wat mensen naar de Verenigde Staten en Europa, maar een groot deel van deze universitairen kwam nooit meer terug naar hun land.'

Eenzelfde fenomeen heeft zich ook voorgedaan in de culturele wereld. Heel wat Algerijnse schrijvers zijn twee- of drietalig, maar deze mensen werden stelselmatig buiten spel gezet. De culturele politiek werd volledig gecontroleerd door eentalige, Arabischsprekenden. En ik stel vandaag vast dat het vaak deze mensen zijn – vooral heel wat leerkrachten uit het lager en het middelbaar onderwijs – die hun heil gaan zoeken bij de fundamentalisten.'

'Het Algerije van na de onafhankelijkheid heeft zich steeds als een seculier regime voorgesteld', zegt Assia Djebar. 'Maar aan de andere kant staat in de Algerijnse grondwet vermeld dat de islam de staatsreligie is. De Algerijnse staat heeft zich inderdaad in principe steeds als een lekenstaat voorgesteld, wat allemaal niet belet heeft dat na de democratische "ouverture" in 1988, toen president Chadli Bendjedid de schone schijn wilde hooghouden en bij het meerpartijenstelsel ging zweren, de integristische partij een legale bestaansbasis kreeg. Nochtans stond in het programma van deze partij zeer duidelijk dat ze een islamitische staat wilde en de invoering van de sharia, de islamitische wetgeving, wat formeel verboden was door de Algerijnse grondwet. Op papier was de Algerijnse lekenstaat heel mooi, maar in het onderwijs werden wel islamitische godsdienstlessen ingevoerd, die door gelijk wie – vaak buitenlandse leerkrachten – werden gegeven.'

Als twintiger zat Assia Djebar in het verzet. Tijdens de onafhankelijkheidsoorlog speelden de Algerijnse vrouwen inderdaad een niet onbelangrijke rol. Maar ook op dat vlak heeft Djebar van zeer nabij kunnen volgen hoe het er met het FLN niet op verbeterde.

'In de grote steden – tijdens de legendarische slag om Algiers bijvoorbeeld – had je heel wat vrouwen in het verzet. Tien jaar na de onafhankelijkheid heb ik mijn eerste film [4] gemaakt, waarin ik voornamelijk vrouwen van het platteland – boerinnen dus – aan het woord heb gelaten. En daaruit bleek in ieder geval dat de vrouwen op het platteland in hoofdzaak als inlichtings- en verbindingsagent hadden gewerkt. Ze zorgden voor voedsel voor de maquis, ze bezorgden de guerrilla inlichtingen en alle mogelijke logistieke steun. Tien jaar later stelde je dan vast dat deze vrouwen opnieuw helemaal gemarginaliseerd waren, teruggedrongen in hun traditionele rol van moeder en echtgenote. Het FLN plaatste af en toe weliswaar plaatselijke vrouwen op zijn verkiezingslijsten. Maar wezenlijk veranderde er niets aan de toestand.'

Precies op het vlak van de vrouwenrechten heeft de eenpartijstaat van het FLN zich van zijn slechtste zijde getoond. Op geen enkel ander terrein heeft het FLN zo duidelijk de denkbeelden van het islamitisch populisme en fundamentalisme overgenomen en in de praktijk gebracht. In 1962 stond de pas onafhankelijke staat voor een totale juridische leegte. De nieuwe leiders namen toen de zeer wijze beslissing terug te grijpen naar de Franse wetgeving in zoverre natuurlijk dat deze wetten de pas verworven nationale soevereiniteit niet aantastten. Dat betekende dat het land tot in 1984 in mindere of meerdere mate bestuurd werd door een egalitaire, laïcistische wetgeving. Voor de Algerijnse vrouwen was dit niet zonder belang, want discriminatie op basis van het geslacht was bij wet verboden. Algerije was bijvoorbeeld het enige land in de islamitische wereld waar men burgerlijk kon huwen. Maar de Algerijnse magistraten en rechters raakten in hun dagelijkse praktijk, ook op het vlak van het huwelijks- en gezinsrecht, meer dan eens verstrikt in de tegenstellingen, die er bestonden tussen het Franse recht en de islamitische wetgeving en traditie. In het Algerijnse burgerlijk wetboek stond namelijk een venijnig artikel, waarin stond dat zij geschillen moesten oplossen op basis van de wet en op basis van het islamitisch recht. De noodzaak om een duidelijke wet op het gezins- en huwelijksrecht (de zogenaamde code de la famille of gezinscode) uit te vaardigen werd almaar nijpender. Het debat zou jaren aanslepen – vooral omdat de Algerijnse vrouwenbeweging elk initiatief om een nieuw en strikt gezins- en huwelijksrecht in te voeren met argusogen in de gaten hield. Tenslotte zou zo'n wet beslissend zijn voor de plaats en de rechten, die de vrouw in de maatschappij zou toegewezen krijgen.

Niet helemaal ten onrechte wees de Algerijnse schrijver Rachid Mimouni er in zijn antifundamentalistisch pamflet *Over het barbarendom in het algemeen en het integrisme in het bijzonder* [5] op dat 'vrouwenhaat manifest aanwezig is in de drie grote monotheïstische godsdiensten'. 'Dat is misschien te wijten aan het feit dat hun profeten problemen hadden met seks. Mozes was een onwettig kind, dat op het water van de Nijl werd achtergelaten. De miraculeuze zwangerschap van de maagd Maria behoeft weinig commentaar. En over Mohammed valt ook een en ander te zeggen.
Blijft de vaststelling dat bij de moslimfundamentalisten de vrouw een obsessie wordt, zoals de jood bij Hitler. De vrouw is de bron van alle kwaad.' 'Ook al is het programma van de fundamentalisten zo vaag als maar kan, uit hun maatschappelijk project blijkt overduidelijk dat het gericht is tegen de vrouwen', besloot Mimouni. De Algerijnse vrouwenbeweging heeft zich steeds hardnekkig verzet tegen een op het islamitische recht geïnspireerde gezinscode. Een eerste poging om definitief zo'n code in te voeren, zoals die van kracht was in de omliggende landen zoals Tunesië of Egypte, mislukte in 1966. Het wetsvoorstel was zo islamitisch conservatief dat president

Houari Boumedienne het eigenhandig in de papiermand keilde. Een tweede poging om het gezins- en huwelijksrecht op een islamitische leest te schoeien liep in 1972 helemaal fout. Maar een derde wetsontwerp – bovendien het slechtste en het achterlijkste dat ooit in Algerije aan een juristenbrein was ontsproten – werd uiteindelijk in 1984 door president Chadli Bendjedid bekrachtigd. De wet op de gezinscode van 9 juni 1984 was van onversneden fundamentalistische inspiratie.[6]

Artikel 1 van de wet op de gezinscode stelt: 'Alle betrekkingen tussen de leden van een gezin worden geregeld door de bepalingen van deze wet.' Maar in artikel 222 – het derde, laatste artikel van de wet – staat zeer duidelijk: 'Bij gebrek aan bepalingen in de huidige wet, wordt verwezen naar de bepalingen van de sharia.' Ook artikel 8 verwijst expliciet naar de sharia: 'Het is toegelaten een huwelijk aan te gaan met meer dan een echtgenote binnen de beperkingen van de sharia, indien het motief gewettigd is, de voorwaarden en intenties van de gerechtigheid verenigd zijn en na voorafgaande inlichting van de vorige en toekomstige echtgenotes.'
Nog een derde artikel beroept zich zonder omwegen op de sharia. In hoofdstuk V 'over de afstamming' stelt artikel 46: 'Adoptie (tabanni) is verboden door de sharia en de wet.' Ook in een land als Algerije bestaat uiteraard het fenomeen van kinderloze echtparen. Zij hebben bij wet dus niet het recht om een kind te adopteren. Ook in Algerije bestaan er gezinnen, die zich maar wat graag zouden bekommeren om wezen of verlaten kinderen. De sharia verbiedt hen zo'n kind te adopteren. Een geschokte Rachid Mimouni vertelde: 'Ik heb een aantal instellingen bezocht waar verlaten kinderen worden opgevangen. Ongehuwde moeders, die er komen bevallen worden uiteraard beschouwd als hoeren. De levensomstandigheden van de pasgeborenen zijn er van die aard dat de mortaliteit er 50 pct. bedraagt en van de overlevenden is 50 pct. mentaal gehandicapt. Uit angst voor aanslagen van de puriteinen

durven deze centra geen enkel bord met inscriptie aan de deur hangen. Grijze, anonieme gebouwen verbergen deze voorwerpen van schaamte. Ik heb de dreigbrieven gelezen, die de directeur van een vereniging, die zich over verlaten kinderen ontfermt, dagelijks ontvangt. De inhoud ervan was zo verachtelijk dat ik mij de vraag stel of de schrijvers ervan wel tot de menselijke soort behoren.'[7]

Maar de gezinscode van 1984 was op de eerste plaats de bevestiging van het fundamentalistische principe dat de vrouw ondergeschikt en minderwaardig is aan de man. De vrouw, die in het huwelijk wil treden, heeft volgens de wet een 'huwelijksvoogd' nodig, anders is het huwelijk ongeldig.
Artikel 11: 'Het sluiten van een huwelijk voor de vrouw komt haar huwelijksvoogd toe, die ofwel haar vader is, ofwel een van haar naaste verwanten.'
Het hoofdstuk 'de rechten en de plichten van de twee echtgenoten' laat aan duidelijkheid niets te wensen over. Artikel 37: 'De echtgenoot is verplicht: ten eerste naargelang zijn mogelijkheden te voorzien in het onderhoud van zijn echtgenote, tenzij kan worden aangetoond dat zij de echtelijke woning heeft verlaten; ten tweede met alle billijkheid zijn echtgenoten te behandelen, indien hij er meer dan een heeft.'
Artikel 39: 'De echtgenote is verplicht: ten eerste haar echtgenoot te gehoorzamen en hem de eerbied te betuigen die zijn hoedanigheid als gezinshoofd vereist; ten tweede aan haar nageslacht borstvoeding te geven als ze daartoe in staat is en het op te voeden; ten derde de ouders en verwanten van haar echtgenoot te respecteren.'

In geval van echtscheiding krijgt de vrouw in de regel het hoederecht over de kinderen. Dat staat in artikel 64, dat zelfs een hele schaal heeft uitgewerkt voor het hoederecht: eerst komt de vrouw, tweede in lijn is haar moeder, derde de tante aan moederszijde, dan de man en dan diens moeder. Maar artikel 52 bepaalt dan weer dat de echtgescheiden vrouw, zelfs

indien ze het hoederecht heeft over de kinderen, geen aanspraak kan maken op vaste woongelegenheid of op de echtelijke woning. Voor een land als Algerije is deze maatregel ronduit dramatisch: er is een nijpende woningnood en wachttijden van tien jaar voor een appartement zijn eerder regel dan uitzondering. Vele uit de echt gescheiden vrouwen staan dan ook plots met hun kinderen en hun weinige hebben en houden op de straatstenen. Hun enige alternatief is dan: terugkeren naar hun familie. Maar volgens de islamitische traditie is een gescheiden vrouw een schande voor een fatsoenlijke familie, want zij is haar wettelijke verplichtingen niet nagekomen: 'haar man gehoorzamen en hem de nodige eerbied betuigen voor zijn status van gezinshoofd'.
En volgens de Algerijnse gezinscode heeft de moslimvrouw nog een andere niet geringe verplichting. Artikel 31: 'De moslimvrouw mag niet met een niet-moslim huwen.'

Een gezins- en huwelijksrecht dat openlijk refereert aan de sharia is uiteraard een kolfje naar de hand van de fundamentalisten. Het was dan ook geen toeval dat deze wet in 1984 werd goedgekeurd – na 18 jaar debat en twee vorige mislukte pogingen om de code door de Nationale Volksvergadering te loodsen. Op dat ogenblik waren president Chadli Bendjedid en het FLN druk in de weer om de islam als instrument te gebruiken om hun snel afbrokkelende macht weer aaneen te lijmen en te verstevigen. Daarvoor moesten ze de nodige toegevingen doen aan het opkomende fundamentalisme.

Na de opstanden van oktober 1988 – met honderden doden in de volkswijken en met een eerste duidelijk zichtbaar optreden van fundamentalistische volksmenners in de straten van Algiers en andere grote steden – publiceerden Algerijnse wetenschappers, politicologen en sociologen honderden artikelen, waarin ze op zoek gingen naar verklaringen voor de dramatische breuk binnen de maatschappij en voor de snelle ineenstorting van het FLN-regime en de al even snelle opmars

van het fundamentalistische FIS. In zijn essay *Over de permanentie van het Algerijnse populisme*[8] kwam professor Lahouari Addi van de universiteit van Oran tot de vaststelling: 'Tussen het FLN en het FIS bestaat er geen echte ideologische breuk, maar een verrassende continuïteit, die trouwens bevestigd wordt door het massale overlopen van militanten van het FLN naar het FIS. In meer dan een opzicht is het FLN de vader van het FIS, de politiek-ideologische uitdrukking van een verpauperd volk, een verweesd volk, dat illusies koestert waarin het nog zou willen geloven.'
'Zowel qua geest als qua grote lijnen hernieuwt het programma van het FIS het discours van het *Nationaal Charter* en andere fundamentele teksten van het FLN, op deze uitzondering na dat de referentie aan de islam bij het FIS nog veel nadrukkelijker is. De lezing van het FIS-programma is betekenisvol zowel voor wat betreft de permanentie van het populisme als voor wat betreft de veranderende vorm waarmee het zich uitdrukt. Men treft er hetzelfde voluntarisme aan, dezelfde verbale generositeit, dezelfde morele verankering van politieke waarden, dezelfde ontkenning van elk conflict binnen het politieke korps, dezelfde cultus van de staat als incarnatie van het volk, wiens opdracht het is de maatschappij te omkaderen en het individu ten laste te nemen vanaf de wieg tot aan het graf. Maar men treft er ook dezelfde blinde vlekken aan: de politieke vrijheid, de individuele autonomie, de democratie in haar moderne aspecten, de daadwerkelijke uitoefening van het recht op soevereiniteit door het kiezerskorps, de vervanging en aflossing van de leidende elites.' Lahouari Addi wijst op tal van parallellen tussen het *Nationaal Charter* van het FLN en het programma van het FIS. Addi vermeldt de gezinscode van 9 juni 1984 niet, maar die wet is en blijft uiteraard het schoolvoorbeeld van de overeenstemming tussen beide. Maar op het economische domein komt Lahouari Addi wel op een merkwaardige symmetrie uit tussen FIS en FLN. 'Het economische luik van het programma van het FIS heeft het eveneens over "de industrialiserende industrie" die aangepast moet zijn aan

de technologische evolutie en in staat moet zijn het hoofd te bieden aan de ongebreidelde industriële concurrentie, zowel op het vlak van de bewapening als op het vlak van de handel en de consumptie.' Wat de economie betreft, is het programma van het FIS een kopie van het *Nationaal Charter* waaraan het zijn gulle bedoelingen ontleent om werk te garanderen aan alle volwassen mannen, om het recht op wonen en gezondheid te verzekeren, om onderwijs te bieden aan alle kinderen tot in de middelbare school enz. Uiteraard kunnen al deze voorstellen alleen maar op instemming worden onthaald, maar zal het FIS de middelen hebben om deze beloften na te leven? Zal het meer kansen op slagen hebben, daar waar het FLN gefaald heeft of hoopt het te slagen door nog meer dwang uit te oefenen om het produktieapparaat rendabeler te maken?'

'Over de privé-sector zijn de standpunten van het FLN symmetrisch', stelt professor Addi. De symmetrie bestaat volgens hem in het feit dat het FLN nooit de beperkingen heeft kunnen waarmaken waaraan het privé-kapitaal onderworpen moet worden binnen een gecentraliseerde economie. En het FIS van zijn kant is evenmin nauwkeurig over de omvang van de staatssector binnen een economie waarin het privé-initiatief de vrije hand heeft. Voor het FLN was het de staatssector, die voor de economie moest zorgen, maar als de privé-sector produktief was, niet uitbuitte en geen hulpmiddel van het buitenlands kapitaal was, kon hij worden geduld. Kortom, de staatssector zou de algemene regel zijn en de privé-sector de uitzondering. Voor het FIS moeten de initiatieven, die verstikt worden onder het voorwendsel van de planeconomie, vrije ruimte krijgen. De concurrentie, als factor van overvloed, moet worden aangemoedigd. Nochtans moeten 'de precieze parameters worden vastgelegd om de interventie van de staat binnen de industriële eigendom af te bakenen en het privé-initiatief te beschermen. Maar de privé-sector mag geen monopolie worden, dat zich het algemeen belang toeëigent, want dat zou de deur openen voor economisch, politiek en maatschappelijk parasietendom', zo staat in het FIS-programma.

'Het FIS predikt een economisch liberalisme, dat in tegenstelling staat tot de autoritaire staatsinterventie, dat het in de praktijk wil brengen.'

# 6

# De 'gekken van Allah' willen de macht

'Wij zijn een religieuze partij... een historische waarheid... Wij brengen de islamitische allesomvattende oplossing voor alle maatschappelijke problemen...'[1] De slogans waarmee het FIS in de jaren '90 uitpakte waren na meer dan twee decennia wanbeleid van het FLN op maat gesneden voor de massa malcontente Algerijnen, die hoopten op een frisse wind in hun politieke woestijn. Het FLN, de dynamische, veelbelovende vrijheidspartij van weleer was aan politieke sclerose gaan lijden: nepotisme, starre bureaucratie en welig tierende corruptie verziekten de Algerijnse natie. Daarbij kwam een aantal externe factoren als een galopperende inflatie, de blijvende economische en politieke inmenging van het Westen en vooral een enorme bevolkingsexplosie, die een nijpend woningtekort en een nieuwe klasse werkloze, slecht opgeleide jongeren in het leven had geroepen. Het FLN had geen geschikte antwoorden op de nieuwe maatschappelijke problemen. De analfabete plattelandsbevolking met romantische herinneringen aan de heldendaden van het bevrijdingsleger van het FLN had plaats gemaakt voor een leger jonge geschoolde, jongens en meisjes, die werk en inspraak eisten.

Waren er in 1962 amper 10 miljoen Algerijnen die een deel van de koek opeisten, in 1988 waren dat er 26 miljoen. Van dat kwart miljard inwoners was meer dan 65 pct. jonger dan 20 jaar, met hun families opeengepakt in de grote steden. Niet alleen vonden de ingedommelde FLN-apparatsjiks geen gepaste antwoorden op deze vragen, ze verboden iedere mogelijke oppositiepartij om het in hun plaats te doen. Hoewel president Chadli Bendjedid, begin jaren '80, pogingen deed om verbannen oppositieleiders terug te brengen – zoals de leider van de Berbers, Hocine Aït Ahmed – bleef het FLN de enige partij. Dat, terwijl het meerpartijenstelsel en het perspluralisme in de buurlanden van Algerije stilaan waren doorgedrongen. Maar zelfs indien het dit echt wilde, kon het FLN zich door de economische crisis niet volledig ontfermen over de jongeren en over de groeiende klasse verarmde Algerijnen, die naar de stad waren getrokken in de hoop er een job te vinden. De tijden van de 'socialistische verzorgingsstaat' waren definitief voorbij. Mede onder druk van het IMF moest Algerije zich bekeren tot het liberalisme. Als een reactie op deze sociale en economische impasse wierpen de fundamentalisten – en onder hen de toekomstige leiders van het FIS – zich in de jaren '70 en '80 op als de weldoeners van het volk, dat het voortdurend moeilijker kreeg om het hoofd boven water te houden. 'Islamisten' of 'fundamentalisten' zijn die moslims, die teruggrijpen naar de koran als enige en waarachtige bron, in een reactie op de snelle modernisering van de maatschappij. Vanuit liefdadigheidsinstellingen, culturele verenigingen, universiteiten en moskeeën ronselden ze mensen om te protesteren tegen de 'sociale en morele verloedering van het land'. Begin jaren '80 leek het wel of vrijwel iedere belangengroep met een eigen eisenpakket de straat op kwam: feministen tegen de beruchte 'gezinscode', jongeren – meer dan 200000 nieuwe jobzoekers per jaar – die werk wilden, Berbers voor de erkenning van hun taal en cultuur... In 1980 barstte de Kabylische lente los: een jongerenmanifestatie in Tizi Ouzou voor het behoud van de Berbercultuur en voor meer democratie. In augustus 1985 viel een groep fundamentalisten enkele kazernes aan. In november 1986 braken er volksopstanden uit in Constantine en Setif en broeiden er onlusten in Oran. Steeds vaker sloegen verschillende gewelddadige fundamentalistische groepjes toe.

De bom barstte in 1988. Tienduizenden socioculturele, politiek en religieus gefrustreerde, veelal jonge Algerijnen sloten de rangen in wat later de grootste volksopstand van het postkoloniale Algerije zou blijken. Bij deze spontane volksopstand van 4 tot 14 oktober 1988 werd in heel het land geplunderd en vernietigd. Uitgelezen doelwitten waren overheidsgebouwen en staatswinkels. Om hun nadrukkelijke aanwezigheid werd de opstand later wel eens de opstand van de jongeren genoemd. Zij koelden hun woede op de symbolen van het FLN en de ministeries van Jeugd en Sport in Algiers. De andere ministeries lieten ze ongemoeid. Sommige manifestaties waren duidelijk gedirigeerd. Dat bleek wanneer grote stoeten van 6000 tot 7000 manifestanten netjes door de straten van de hoofdstad trokken. Tussen de massa werden spandoeken met islamitische slogans ontrold. Het werd duidelijk: fundamentalisten, onder wie enkele toekomstige FIS-leden, hadden zich bij het spontane volksverzet, dat zijzelf niet hadden uitgelokt of onder controle hadden, aangesloten. Het leger reageerde met geweld en schoot op de manifestanten, soms met zware mitrailleurs en tanks. In enkele dagen tijd vielen er meer dan 500 doden. Temidden van het tumult en de chaos probeerde een geschokte president Chadli Bendjedid een dialoog aan te knopen met de mannen, die zich plots als de leiders opwierpen van het verzet. En ziedaar, schijnbaar uit het niets verschenen de twee toekomstige kopstukken van het FIS: een jonge, zenuwachtige imam Ali Benhadj en de wat oudere, geslepen onderhandelaar Abbassi Madani. Samen met twee andere gerespecteerde islamitische predikers, Mohammed Sahnoun en Mahfoud Nahnah, werden beide mannen ontvangen door de president. De jongensachtige Ali Benhadj speelde zijn rol magistraal: nu eens trad hij op als bemiddelaar tussen de manifestanten, dan weer als hun woordvoerder bij de president. Zo zat Ali Benhadj tijdens de bloedige repressie van de rellen door het leger in Bab el Oued, een wijk waar hij in de Sunnamoskee predikte, met de president te onderhandelen.

Wat volgde op de volksopstand en 'onderhandelingen' die daarop begonnen, was 'du jamais vu' voor de Algerijnen: president Chadli Bendjedid maakte een historische bocht van 180 graden. Drie ingrijpende maatregelen zouden het politieke landschap van Algerije voorgoed hertekenen. Een deel van de legertop, dat achteraf met de vinger werd gewezen voor de brutale aanpak van de betogingen, werd vervangen. Er werd een referendum aangekondigd voor 3 november 1988, waarin de kiezers zich moesten uitspreken over de vraag of de regeringsleider zich in de toekomst moest verantwoorden voor het parlement. Maar de allerbelangrijkste politieke ommezwaai was het referendum van 23 februari 1989. Voor het eerst sinds de onafhankelijkheid moest het FLN dulden dat er andere politieke partijen mochten worden opgericht. De 'socialistische' eenheidsstaat van het FLN maakte formeel plaats voor het meerpartijenstelsel. De partijtenoren leken tot het inzicht te zijn gekomen dat het democratiseringsproces, dat in de buurlanden – althans op papier – aan de gang was, in eigen land niet langer kon worden tegengehouden. Meteen werd ook het door fundamentalisten zo verguisde epitheton 'Democratische Volksrepubliek' definitief geschrapt. Algerije zou voortaan gewoon 'Republiek Algerije' heten. Verwijzingen naar het 'socialisme' werden afgevoerd.

Nog voor het FIS tot een afzonderlijke politieke partij werd uitgeroepen, trachtten zijn toekomstige leiders, Abbassi Madani en Ali Benhadj, zich eerst aan te sluiten bij een soort religieus collectief, de predikersliga (*al-rabitat al-dawa al-oelema*). Deze liga moest de verschillende islamitische stromingen kanaliseren tot één gemeenschappelijke pressiegroep tegen de regering. Maar al snel bleek dat een religieus front in Algerije moeilijk van de grond te tillen was. De liga, die de verschillende fundamentalistische krachten moest verenigen, ging ten onder aan haar interne tegenstellingen. Ali Benhadj, Abbassi Madani en Abdelkader Hachani hadden politieke ambities met de liga. Zij wilden meer zijn dan een braaf sociocultureel pressiegroepje en kwamen snel in botsing met de andere leden van de liga. Zij koesterden toen al verregaande politieke aspiraties, met de volledige invoering van de sharia als belangrijkste programmapunt. Toen de andere leden van de predikersliga afhaakten (onder hen Abdallah Djabbalah en Mahfoud Nahnah), stapte de ondernemingsgezinde Ali Benhadj naar de 75-jarige veteraan van de Algerijnse fundamentalisten, sjeik al-Baskri. Benhadj wilde de zegen van de sjeik voor de oprichting van een Front islamique unifié. Abbassi Madani zou de ultieme naam van de nieuwe partij verzinnen. Hij veranderde Front islamique unifié in Front islamique du salut. En zo werd, historisch toeval of niet, vijf dagen voor de goedkeuring van de nieuwe grondwet op 23 februari 1989 (waardoor het meerpartijenstelsel werd ingevoerd in Algerije), het FIS (of in het Arabisch al-Jabha al-Islamiya lil Inqad) geboren. De partij werd opgericht in de Sunnamoskee van de Algierse wijk Bab el Oued, waar Ali Benhadj imam was. Op 6 september 1989 werd de partij gelegaliseerd door minister van Binnenlandse Zaken Abou Bakr Belkaïd, de rechterhand van premier Kasdi Merbah, een oudgediende van de militaire inlichtingendienst.

Abbassi Madani, de voorzitter en woordvoerder van de partij, en Ali Benhadj, de vice-voorzitter, bouwden de 'Partij van God' om tot een goedgeoliede machine met een duidelijke, doorzichtige structuur, gemaakt en berekend om snel uit te groeien tot een massaorganisatie. Met de keuze van Abbassi Madani kreeg het FIS een gediplomeerd pedagoog en psycholoog aan de top, maar het was wel een man zonder enige, echte religieuze vorming. Madani was niet eens imam, zoals zijn luitenant Ali Benhadj. Maar achteraf bleek dat beide leiders elkaar perfect aanvulden. Enerzijds was er de rustige, pragmatische Madani, die het volk vertrouwen wist in te boezemen, tegenover de nationale en internationale pers zijn woorden kon wikken en in staat leek met de machthebbers van de FLN-staat te onderhandelen. Anderzijds beschikte het FIS over de tribuun Ali Benhadj, de met schijnbaar 'epileptische woedeaanvallen' behepte, strijdlustige weesjongen uit Bab el Oued, de imam, die op de barricaden klom om de 'onverbiddelijke strijd met het corrupte regime' uit te roepen. Waar Abbassi Madani zijn woorden kauwde, spuwde de jonge Ali Benhadj ze uit.

Met de oprichting van het FIS werd niet veel aan het toeval overgelaten. Al snel werd een heus partijapparaat met eigen statuten en regels opgebouwd. Toch had de structuur van het FIS meer weg van een verzameling bijeen te houden groepen dan van een zuivere politieke partij. Enkele auteurs, die op basis van de publikaties van het FIS een organigram trachtten vast te leggen, tekenden een perfecte piramide uit. Het zenuwcentrum aan de top is het zogenaamde Bureau Exécutif National (BEN), dat via talrijke tussenorganen de band moest leggen met de breedst mogelijke basis.[2] Vanuit deze top dirigeerden de onbetwiste nummers een en twee van de partij, Madani en Benhadj, samen met de twee andere historische stichters van het FIS (de blinde, charismatische sjeik al-Hachemi Sahnouni en Benazouz Zabda, de directeur van het partijblad, *al-Munqid*) alle andere partij-instanties. Na de arrestatie van Abbassi Madani en Ali Benhadj in juni 1991 nam Abdelkader Hachani, een toen 35-jarige petrochemisch ingenieur, de honneurs waar als voorlopige voorzitter van het FIS.

Om extra mensen bij de partij te betrekken, stampte Abbassi Madani nog enkele andere bewegingen uit de grond: de Beweging voor Jonge Islamisten (al-Fityan al-Islamiyun), een eigen Islamitische Vakbond (opgericht op 4 oktober 1990), een Liga voor Universitairen en Intellectuele Islamisten en een Vereniging voor de Kinderen van de Martelaars. Voorts speelde het FIS ook handig in op de sociale leemten in het Algerije van Chadli Bendjedid. Zo richtte de partij een netwerk van poliklinieken en goedkope markten in de verpauperde wijken van de grote steden op. Het FIS betaalde de pelgrimstochten voor Algerijnen die hun reis naar Mekka niet konden bekostigen, en drong door tot de huiskamers van de mensen. Rouwende families, kinderen met leermoeilijkheden en studenten, die zich op hun eindexamen voorbereidden, werden verrast door hulpvaardige leden van het FIS. De militanten van de partij van Madani en Benhadj deelden gratis voedsel en drank uit, organiseerden allerlei cursussen en boden steun en vertroosting aan al wie zich achtergelaten voelde: weduwen, wezen, zieken. De aardbeving van 20 oktober 1989 was een uitgelezen kans voor de FIS-militanten om te bewijzen dat zij en niet het FLN de beste opvang voor de slachtoffers konden garanderen. Medicamenten, dekens, tenten... het kwam allemaal van het FIS, gratis en belangeloos voor het volk. Maar bij de goedkope of gratis dienstverlening werden de slachtoffers overspoeld met FIS-propaganda voor wat hoort wat. En die propagandamachine werkte.

Miljoenen nieuwe leden in heel het land haastten zich om zich bij de dynamische organisatie aan te sluiten[3]: niet alleen de grote massa werklozen, maar ook een vaste kern van vrouwen, zelfstandigen, handelaars en heel wat universitairen en wetenschappers. Enkele van de vaste ronselplaatsen van de partij waren namelijk de technische en wetenschappelijke universiteiten van Algiers. Het was ondermeer om het groot aantal (Franstalig geschoolde) technici en ingenieurs onder de nieuwe leden, dat het FIS in het begin althans geen al te groot strijdpunt maakte van de arabisering en de zuivere Arabische taal. Verder sloten ook tal van imams zich aan, die tijdens de jaren van de repressie tegen de fundamentalisten tal van klandestiene groepjes hadden opgericht om te preken voor een islamitische staat. Zij werden van meet af vergezeld door aanhangers van iets zwaarder kaliber: militanten van een van de eerste gewelddadige religieuze bewegingen van Algerije. Het waren de leden van de gewapende militie rond Mustapha Bouyali, de Mouvement islamique armé (MIA)[4], die van 1982 tot 1987 in het hele land dood en terreur zaaide. Nog andere duistere elementen sloten zich bij de jonge partij aan. Niet alleen Algerijnen, ook buitenlanders. De zogenaamde speciale paramilitaire organisatie was zo'n groepering binnen het FIS. Het waren oud-strijders die in Pakistan en Afghanistan werden opgeleid door de plaatselijke moedjahedin. Verder werd de organisatie van meet af versterkt door Iraanse 'uitwisselingsstudenten'.

Over de geldschieters van de partij bestond een tijdlang veel onduidelijkheid: hoewel de grote massa aanhangers van het FIS arme drommels waren, beschikte de partij over aanzienlijke sommen geld voor haar verkiezingscampagnes en de publikatie van eigen kranten. Behalve van handelaars en trabendisten, die de 'socialistische' bemoeizucht van het FLN grondig beu waren, kwam het grote geld van over de grens. Saoedi-Arabië en Soedan waren de twee belangrijkste financiers van het FIS, meteen twee landen die er zelf een zeer streng religieus regime op nahouden. De Saoedische prins sultan Ibn Abd al-Aziz maakte van die financiële steun aan het FIS zelfs geen geheim. In de Arabische krant *al-Sharq al-Awsat* ('Het Midden-Oosten') kwam hij er openlijk voor uit.[5] De steun van de Saoedische monarchie viel echter weg, nadat het FIS onder druk van de eigen achterban, tijdens de Golfcrisis in 1990 en tijdens de Golfoorlog in januari 1991, openlijk de kant moest kiezen van Saddam Hoessein. Dat gebeurde na veel getalm en nadat duizenden Algerijnen de straat waren opgetrokken om te protesteren tegen de plannen van de Verenigde Staten om af te rekenen met het regime in Bagdad. Het FIS werd verrast door deze golf van sympathie voor Saddam Hoessein, die ook in tal van andere Arabische landen op de handen werd gedragen als een echte volksheld, die de machtige vijand uit Washington het hoofd durfde te bieden. De leiders van het FIS liepen achter de feiten aan en draaiden pas in laatste instantie bij. En dat kostte hen ettelijke miljoenen aan sponsorgeld van de Saoedi's, die net zoals de Amerikanen komaf wilden maken met Saddam Hoessein.

'Het FIS definiëren als een religieuze partij doet denken aan een karamel. Ook zij ontleent haar naam aan haar fijne opperlaag en niet aan haar echte ingrediënten.' Het is een gedurfde, maar zeker geen onjuiste uitspraak van een Algerijnse intellectueel, Ghania Samia Ouramdane van de universiteit van Algiers. Het is immers geen geheim dat het niveau van de theologische opleiding van het overgrote deel van het FISkader maar matig is. Niet een van hen heeft een opleiding genoten in een van de grote religieuze centra in de islamitische wereld. Abbassi Madani, zoals vermeld, is bijvoorbeeld pedagoog van opleiding. Het programma, waarmee het FIS aanvankelijk naar buiten trad, is even vaag als religieus en is herleidbaar tot twee simpele luiken: de radicale afwijzing van het 'verfranste' Algerije, dat in een diepe crisis verkeert, en de voorspiegeling van een perfecte, geïdealiseerde staat, die geregeerd wordt door de goddelijke en religieuze wetten (sharia). Een van de verkiezingsslogans van het FIS spreekt in dit opzicht boekdelen: 'de moderniteit islamiseren en niet de islam moderniseren'. Als de sharia weer volledig is ingevoerd en de religieuze principes tot wetten zijn verheven, zo houdt Abbassi Madani het volk voor, zijn alle complexe maatschappelijke, politieke en economische problemen achter de rug. In hun discours walsen Madani en Benhadj hun toehoorders plat met herkenbare en algemeen aanvaarde religieuze principes. De zogenaamde islamitische oplossing (*al-hal al-islamiya*), de *hisba* (de zeden- of marktpolitie) en de *zakat* of aalmoes. Voor zijn luchtspiegelingen herinnert het FIS aan het lang vervlogen, historische kalifaat en de oemma. Een periode waar islamitische 'hervormers' altijd graag naar verwijzen in tijden van morele crisis. In het collectief geheugen van de moslims staan de oemma van de profeet en de daaropvolgende eerste vier kaliefen (*al-choelafa al-rasjidoen* of de rechtgeaarde kaliefen) immers geregistreerd als het perfecte samenlevingsmodel, dat gebaseerd is op de koran en de soenna. Het is dit type maatschappij, dat de leiders van het FIS weer willen instellen. Hoe het FIS het geïdealiseerde samenlevingsmodel van de 7e 'gouden' eeuw in Saoedi-Arabië concreet zal overbrengen naar het 20e-eeuwse postkoloniale Algerije, om zo een halt toe te roepen aan de galopperende inflatie en de stijgende werkeloosheid, 'vergeten' Abbassi Madani en Ali Benhadj echter te vermelden. Naast de vage beloften en nostalgische verwijzingen naar de gouden islamitische eeuw blijft de FIS-propaganda opvallend stil. Dit 'tekort' wordt echter gemakkelijk gecompenseerd door de rabiate verzetsstrijd tegen alle westerse gewoonten en invloeden, die de eigenheid van de Algerijnen zouden hebben aangetast. Abbassi Madani is duidelijk: 'De islamitische staat, die binnenkort zal worden opgericht, als God het belieft, zal de staat van de geschiedenis zijn en niet de staat van de ingevoerde modellen.'[6]

Het westerse democratische systeem en de daaraan inherente individuele vrijheid en pluralisme, de economische speculatie, de woekeraars, de geboortebeperking, de seksueel gemengde maatschappij, het laïcisme enz... het wordt allemaal als *koefr* of atheïstisch afgedaan. Sleutelwoord tegenover al deze 'vreemde westerse ideeën' is voor het het FIS de terugplooiing op de eigen zuiver islamitische identiteit. Pas wanneer de 'ontwortelde en gedeculturaliseerde' Algerijnen hun roots terugvinden, kunnen ze aan een grootse natie bouwen, stellen de leiders van het FIS. Belangrijk leidmotief van Abbassi Madani is daarom het onderwijs: in plaats van de westerse filosofen en het grotendeels verfranste onderwijssysteem, wil de partij de koran, de soenna en de ideeën van de eigen islamitische grote denkers naar voren schuiven. En merkwaardig genoeg verwijst Abbassi Madani naar denkers als Ibn Roesjd (Averroës), Ibn Sinna (Avicenna) en Ibn Chaldoen, ook al is hij er heilig van overtuigd dat deze drie Arabische intellectuelen vaak op het randje van de ketterij hebben gestaan.[7]

Vanzelfsprekend moet het onderwijs in het Arabisch gebeuren en de voertaal par excellence is het Arabisch. Hoewel het FIS de niet Arabischsprekende Berbers in het begin niet te veel tegen het hoofd wilde stoten, maakte de partij al snel van de algemene arabisering van het onderwijs een nieuw strijdthema. Dit terwijl de harde kern van het FIS vaak in het Frans werd geschoold en allesbehalve perfect Arabisch kende. De arabisering was trouwens geen monopolie van het FIS. Al meer dan tien jaar lang had de FLN-regering zich ingespannen om het onderwijs te arabiseren.

Onverdroten breit 'docteur Abbassi', zoals hij zich graag laat noemen, verder aan zijn maatschappelijk programma. En daarbij moet de vrouw het flink ontgelden. Wat haar rol en statuut betreft laat hij weinig revolutionairs horen, behalve de meest conservatieve lezing van de koran. De islamitische vrouw is gehoorzaam aan haar man en gesluierd. Ze laat zich bijgevolg niet zien tussen de geëmancipeerde, ongesluierde vrouwen, die massaal de straten van Algiers optrekken om te betogen tegen de invoering van de conservatieve gezinscode. Om de verplichte hoofddoekdracht in het Algerije van vandaag te rechtvaardigen, roept het FIS het aloude, traditionele argument in dat het ter bescherming van de vrouw zelf is. De sluier wordt gezien als een middel om de man te beletten verleid te worden door de schoonheid van een vrouw, die de zijne niet is. Niet-gesluierde vrouwen riskeren anno 1995 in sommige wijken van Algiers en andere grootsteden gestenigd of vermoord te worden. Maar de *hidjab* of hoofddoek alleen is niet voldoende om de vrouw tegen de opdringerige ogen van de mannen te 'beschermen'. In de ogen van de FIS-islamisten moet er letterlijk een muur opgetrokken worden tussen beide geslachten, een volledige scheiding van de seksen in de maatschappij. Op het bureau, op de tram, de bus en de trein... Hoe minder de beide geslachten elkaar zien, hoe kleiner de kans op *zina* (overspel). Anders dan Ali Benhadj, gelooft Abbassi Madani dat de vrouw buitenshuis mag gaan werken. Toch past het FIS op de vrouwelijke aanhangers niet tegen het hoofd te stoten. Zo worden ze niet uit de partij gesloten, maar krijgen ze hun eigen werking – zonder beslissingsmacht weliswaar – en ze worden geapprecieerd als overtuigde predikers en propagandamakers. Zo liepen er in de eerste protestactie, die het FIS organiseerde, meer dan 5000 vrouwen mee. Allen schreeuwden luidkeels om de strikte toepassing van de islamitische wet. Het was een antwoord op het vrouwenprotest tegen de gezinscode die eerder door de laïcistische bewegingen was uitgeroepen.

Met evenveel omzichtigheid trad Madani de kleinhandelaars

en de trabendisten (de handelaars van de zwarte markt) tegemoet. Zij behoorden aanvankelijk tot de belangrijkste geldschieters van de partij. Hen indachtig, propageerde het FIS de vrije markteconomie en het liberalisme. Hoewel het FIS het Frans als de taal van de kolonisator beschouwde en de voorkeur gaf aan het Arabisch, onthielden Madani en Benhadj zich van demagogische retoriek over de taalkwestie. Te veel Algerijnse gediplomeerden, wetenschappers en ingenieurs – en dat waren in eerste instantie de groepen waar het FIS zijn rekruten vandaan haalde – waren immers Franstalig. Soms ontaardde het pragmatisme in plat opportunisme. Of wat anders te denken van de eschatologische bijklank, die het FIS aan het stemgedrag van zijn aanhangers gaf: 'Uw stem is een deposito (*amana*) waarover u de laatste dag rekenschap zal moeten geven.' Dat stond in het partijblad *al-Munqid* ('De overwinning').

Het gedachtengoed van het FIS is terug te vinden in partijpublikaties als *al-Munqid* en *al-Tabligh* en in de eigen werken van Abbassi Madani en Ali Benhadj. Zo publiceerde Madani in 1986 zijn doctoraatsthesis (*Educatieve problemen in de islamitische landen*) in Groot-Brittannië. Hij brak een lans voor de islamitische opvoeding als vereiste voor een islamitisch bewustzijn. Wanneer dat laatste is bereikt, is de oplossing van alle problemen nabij, meent de auteur. Drie jaar na zijn thesis schreef Madani het verkiezingsprogramma van het FIS. Het heette *De crisis van het moderne denken en de islamitische oplossing*. Ali Benhadj ging pas aan het schrijven in de gevangenis, nadat hij in 1983 tot vier en een half jaar cel was veroordeeld. In zijn cel schreef hij *Het beslissende werk om een einde te maken aan de onrechtvaardigheid van de regeerders*. De toonaard was rauwer dan in Abbassi Madani's werk. In zijn boek stipte Ali Benhadj zeven redenen aan waarom de Algerijnen tegen de machthebbers in opstand moesten komen: 'de usurpatie van de macht, de weigering om te verwijzen naar God en zijn profeet, de weigering de goddelijke wet in te stellen, dingen toelaten volgens de eigen neigingen, de scheiding tussen staat en religie, het vervangen van de goddelijke wet en en de voortdurende uitholling van de sharia'..

Het is interessant om weten dat het FIS slechts een van de talrijke religieuze partijen was, die kort na de rellen van 1988 het licht zagen. Voor 1988 bestond er in Algerije slechts een vijftal islamitische stromingen. De meeste van deze groepen werden gemanipuleerd door de machthebbers van het FLN. Er was de zogenaamde Kring van de Traditionele Oelema's onder leiding van sjeik Sahnoun en Abdellatif Soltani. Deze laatste schreef in de jaren '70 het boekje *Siham El Islam* ('De pijlen van de islam') in zijn ballingsoord in Marokko. Soltani schoot met scherp op het socialisme van Houari Boumedienne. In zijn ijver weigerde hij het miljoen Algerijnen, dat tijdens de onafhankelijkheidsoorlog tegen de Fransen was gevallen, te erkennen als echte islamitische martelaren (sjoehaha). En dat werd hem niet in dank afgenomen. Buiten de enge kring van fundamentalistische geestesgenoten kreeg zijn boek nauwelijks enige aandacht in Algerije.

Al-Qiyam ('De waarden') was een andere groep, die onder leiding stond van de fundamentalistische militant Malek Bennabi. Daarnaast was er de groep jonge, geschoolde fundamentalisten rond Mahfoud Nahnah en de Mouvement pour la démocratie en Algérie (MDA) rond de voormalige president Ahmed Ben Bella. De MDA pleitte voor een tolerante religie. In de schaduw van deze min of meer gerespecteerde en gematigde organisaties sluimerden er ook verschillende radicale religieuze groepjes. Daaraan werden tal van politieke moorden en gewapend terrorisme toegeschreven. Onder hen bevonden zich de groep al-Takfir wa al-Hijra ('Excommunicatie en uittocht') en de zogenaamde Afghani's, de fundamentalistische strijders, die ten tijde van de Sovjetbezetting van Afghanistan (1979-1989) door de VS en de CIA werden gesponsord. Net zoals de vrijwilligers uit andere landen kwamen de Algerijnen in het Pakistaanse grensstadje Peshawar aan.

Slechts zeer zelden werden ze aan het binnenlandse front in Afghanistan ingezet, maar in Peshawar kregen ze een militaire – en vooral zeer grondige religieuze – opleiding van mensen als de fundamentalistische krijgsheer Gulbuddin Hekmatyar. Een harde kern van Afghani's zou later ook onderdak vinden bij het FIS.

Na de hervormingen van 1989 doken er plotseling een vijftiental religieuze formaties op, die onderling soms moeilijk te onderscheiden waren. Men kan zich afvragen waarom het FIS de grote massa wel aansprak en de andere meer gematigde partijen niet. Wel, het FIS was de enige partij, die zich openlijk durfde te verzetten tegen het FLN en er niet voor terugdeinsde de oorzaak van alles wat misliep (de werkloosheid, de verwestersing en de verloedering van de zeden) te zoeken bij de machthebbers. Het FLN was in de ogen van het FIS het knechtje van het Westen geworden. Daarom was Algerije aan 'een echte onafhankelijkheid' toe. Ook qua ideologische invloeden is het niet echt duidelijk uit te maken waar het FIS het meest bij aanleunde. Er was sprake van invloeden uit Saoedi-Arabië, waar het puriteinse hanbalisme wordt aangehouden. (Het hanbalisme is een stroming, die zich verzet tegen elke vorm van modernisme.) Zo parafraseerde *al-Munqid*, het partijblad van het FIS, vaak het werk van Ibn Taymiya, een van de grootste adepten van Ibn Hanbal. Volgens deze leer zijn interpretaties van de koran enkel toegestaan door de oelema's, de zogenaamde doctors van het geloof. Gewone gelovigen kunnen de koran niet interpreteren. 'Nieuwigheden' (*bida*) zijn uit den boze. Bijgevolg waren laïcistische denkers als de Egyptische Taha Hoessein of de Syrische nationalist en stichter van de Baath-partij, Michel Aflaq, voor Abbassi Madani 'vulgaire imitatoren van het Westen'.

Madani en Benhadj verwijzen soms ook naar grote klassieke denkers als Ibn Roesjd (Averroës), Ibn Sinna (Avicenna) en een aantal Egyptische islamitische ideologen. Thema's als heilige oorlog (*djihad*), het opnieuw instellen van het kalifaat en de *djahilliya* sprokkelen Madani en Benhadj bijeen in het werk van de Egyptenaar Hassan al-Banna, die op het einde van de jaren '20 in Egypte de Moslimbroeders had opgericht. Toch is het al bij al beter aan te nemen dat het FIS bij verschillende denkrichtingen is gaan lenen en met dat 'materiaal' een eigen referentiekader heeft ontworpen. De islam, die het FIS predikt is geënt op de situatie in het eigen land. Naar het brede publiek toe springen FIS-imams erg zuinig om met verwijzingen naar ideologen of bestaande literatuur.

Met zijn populistisch programma trok het FIS op 12 juni 1990 naar de eerste vrije verkiezingen in het postkoloniale Algerije. Die stembusgang was immers de logische uitloper van het recent ingevoerde meerpartijenstelsel. De verkiezingsuitslag was een donderslag bij heldere hemel. Terwijl waarnemers hadden voorspeld dat de democratische krachten zouden winnen en het FLN erop had gerekend dat het FIS slechts een kleine storende factor zou zijn in een voortgezet FLN-regime, zette de naar vernieuwing snakkende bevolking zowel het FLN als de democratische partijen voor schut. De Algerijnen hadden van Klein Duimpje, het FIS, de grootste partij van het land gemaakt. De partij was in praktisch alle gebieden van het land verankerd en kondigde drie dagen na de verkiezingen meteen aan dat ze bereid was deel uit te maken van de nationale regering met Chadli Bendjedid als president. De jonge, radicale partij behaalde 45,66 pct. van alle stemmen voor de gemeenteraadsverkiezingen en 55,04 pct. voor de departementsverkiezingen (*wilaya's*). Het FLN kreeg amper 36,6 pct. van de stemmen bij de gemeenteraads- en 35,6 pct. bij de departementsverkiezingen. Het FIS greep de macht in 856 van de 1541 volksvergaderingen en in een dertigtal van de 48 departementsvergaderingen.[8]

Daarmee stonden Madani en Benhadj aan het hoofd van een partij, die de eerste politieke macht was in vrijwel alle grote

steden: Algiers, Oran, Tlemcen, Constantine, Annaba. Het 'nuttige' Algerije, namelijk het Noorden, was van hen. In de regio's, waar de meeste FLN-topfiguren vandaan kwamen, bleef het FLN aan de macht. Niettemin werd president Chadli Bendjedid in zijn geboortestad verslagen door zijn tegenkandidaat van het FIS.
Kabylië met zijn Berberse bastion, Tizi Ouzou, had géén boodschap aan de fel op de Arabische taal en islamitische zuiverheid gerichte demagogie van het FIS. Die streek was in handen gevallen van een andere partij: het RCD (Rassemblement pour la culture et la démocratie) van Saïd Sadi. Verrast door de uitslag bogen Algerije-kenners en onthutste politicologen zich over het hoe en het waarom van deze radicale ommezwaai in het Algerijnse politieke landschap. Her en der werd geopperd dat het FIS de kiesgerechtigden had geïntimideerd door de nadrukkelijke aanwezigheid van zijn militanten aan de stembureaus. Verder werd graag aangetoond dat heel wat mannen met een volmacht voor hun vrouw waren gaan stemmen, waardoor de democratische, vrouwvriendelijkere partijen minder stemmen hadden behaald dan verwacht. Niemand zal deze onregelmatigheden ontkennen, maar ze waren niet van die aard, noch van die omvang, dat ze de uitslag van de kiesronde volledig hebben omgekeerd.

De Algerijnen kregen de partij waarvoor ze hadden gekozen. Door massaal op het FIS te stemmen, straften de kiezers het gediscrediteerde FLN af en dankten ze het FIS voor zijn sociale programma's. Uit sommige cijfers bleek zelfs dat 50 pct. van de Algerijnen een proteststem had uitgebracht. Het FIS speelde handig in op de nationalistische gevoelens van de Algerijnen, net zoals het FLN dat had gedaan tijdens en na de onafhankelijkheidsoorlog. Waar het FLN de strijd aanbond met buitenlandse overheersers, verkondigde het FIS een breuk met de Algerijnse machthebbers, die niet alleen ongelovig en antiislamistisch waren, maar door hun aanhoudend geflirt met de oude koloniale mogendheid, Frankrijk, de soevereiniteit van het land op het spel hadden gezet. De fundamentalisten noemden de stembusgang van 12 juni 1990 dan ook de 'tweede onafhankelijkheid van Algerije'.

Verder was met de stembusuitslag meteen bewezen dat het radicale, fundamentalistische taalgebruik van het FIS het had gewonnen van het bezadigde, 'brave', democratische appel van de oppositiepartijen. De programma's van het FFS (Front des forces socialistes), van het RCD (Rassemblement pour la culture et la démocratie) of van de PAGS (Parti de l'avant-garde socialiste) beroerden de Algerijnen niet, zoals het FIS dat wel deed. Misschien had de tijdgeest ook wel iets te maken met de overwinning van het FIS. Eind jaren '80 werden de naweeën van de islamitische revolutie in Iran duidelijk, maar tegelijk boekten de fundamentalisten belangrijke verkiezingsoverwinningen in Jordanië (Moslimbroeders) en Tunesië (de Nahda-partij van Rachid Ghannouchi). De meeste islamitische staten gaven geen opmerkelijke openbare commentaren op de stembusresultaten in Algerije. Minder diplomatisch waren de Iraanse ayatollahs, die het FIS feliciteerden. De eigenzinnige Libische kolonel Moammar al-Kaddafi, die in eigen land de fundamentalisten monddood had gemaakt door een 'islamitisch socialisme' van eigen makelij in te voeren, haalde fel uit naar het zegevierende FIS.

In Frankrijk waren de eerste reacties erg vaag. Officieel heette het dat Parijs 'de keuze van de Algerijnen respecteerde'. Maar het Franse nieuwsmagazine *Le Point* vatte in de plaats van de regering een en ander samen. Op de cover verscheen de foto van Abbassi Madani onder de kop: 'dit is de man die Frankrijk bang maakt'. Na de verpletterende overwinning bij de lokale verkiezingen, eiste het FIS vervroegde nationale verkiezingen. Het zittend parlement was nog altijd van zuivere FLN-signatuur en ook daar was het ogenblik aangebroken om het meerpartijenstelsel in te voeren, vonden de fundamentalisten. De vervroegde verkiezingen werden uitgeschreven op 26 december 1991. Maar voor het zover was greep de regering naar een aantal wettelijke repressiemiddelen, die het FIS de wind uit de zeilen moesten nemen bij de nationale stembusronde. Via het parlement joeg de regering van premier Mouloud Hamrouche er een fel omstreden kieswet door, die het FLN bij een volgende stembusslag in het zadel moest houden. Begin 1991 werd de wet goedgekeurd: op basis van de resultaten van de lokale verkiezingen werd een nieuwe zetelverdeling en een nieuwe indeling van de kiesdistricten ontworpen. Waar het FLN goed had gescoord lag de zetelverdeling hoger en waar het FIS de meeste stemmen had binnengehaald, lag de zetelverdeling lager. Als tweede voorzorg tegen een mogelijke electorale opdoffer, zorgde het wankelende FLN ervoor dat er niet een maar twee stemronden nodig zouden zijn. In de tweede ronde mochten enkel de twee sterkste partijen verder naar de stemmen van de Algerijnse burgers dingen. Op deze manier wilde het FLN zoveel mogelijk stemmen van de vele kleine oppositiepartijen voor zich winnen. Stemmen van ontevreden Algerijnen die – hoewel ze het FLN beu waren – in het FIS geen alternatief zagen. De derde belangrijke 'voorzorgsmaatregel' van het FLN trof het FIS in het hart: de moskeeën. Een nieuw decreet verbood gebedsplaatsen te gebruiken voor politieke doeleinden. Niet-regeringsgezinde imams werden gearresteerd en opgesloten en verdachte moskeeën werden tijdelijk gesloten. Het was een slag in het gezicht voor het FIS. In de loop van de jaren '70 en '80 hadden de kopstukken van het FIS de in een snel tempo gebouwde moskeeën geleidelijk aan omgevormd tot plaatsen voor politieke meetings. Eind jaren '80 was van de duizenden moskeeën slechts de helft nog onder controle van de door de staat aangestelde imams.[9] In de 'vrije' moskeeën werd heftig gepreekt tegen de regering, jongeren werden gemobiliseerd en cassettes met toespraken van Abbassi Madani, Ali Benhadj of van de virulente Egyptische imam sjeik Kichk werden uitgedeeld. Door het decreet van maart 1991 probeerde de regering Hamrouche opnieuw greep te krijgen op de activiteiten in de moskeeën. Bij al deze maatregelen gingen er binnen het FIS stemmen op om niet langer deel te nemen aan de verkiezingen, maar de macht te grijpen met geweld. Madani en Benhadj zagen het anders. Zij waren vastbesloten zich niet in een hoekje te laten drukken door het desperate FLN. Op 30 april maakten beide leiders hun deelneming aan de verkiezingsstrijd voor het parlement officieel bekend. Tegelijkertijd ruiden ze de bevolking op tegen de nieuwe kieswet en stuurden het land op die manier stilaan in een spiraal van geweld. De eerste belangrijke krachtmeting was de algemene staking waartoe Abbassi Madani op 23 mei 1991 had opgeroepen.

Meteen kwamen de eerste tekenen van het nakende schisma en machtsstrijd binnen de religieuze partij naar boven: een deel van de majlis al-sjoera keurde de staking af. Toch ging de actie door. Meer dan 100 000 betogers trokken in Algiers de straat op en uitten hun woede tegen het FLN, dat door het FIS steeds meer als corrupt nest werd afgeschilderd. Het leger antwoordde met tanks en soldaten. Het maakte weinig of geen indruk op het FIS. Abbassi Madani en Ali Benhadj kozen voor een verdere radicalisering. Ze riepen op tot de djihad en tot burgerlijke, gewelddadige ongehoorzaamheid. Er werd gevochten en met scherp geschoten. Balans van de straatgevechten met het leger in Algiers: 17 doden. Daarop pakte het FIS uit met nog hardere acties: de partij riep op tot een 'onbeperkte algemene staking' en eiste de benoeming van een nieuwe president. Een benauwde Chadli Bendjedid kondigde onder druk van het leger voor vier maanden de noodtoestand af. Dat gebeurde op 5 juni 1991. Het leger werd machtiger dan ooit te voren. De jacht op alle FIS-aanhangers en -sympathisanten was nu definitief geopend. Er volgde een arrestatiegolf in heel het land. Het geweld van de mannen in uniform werd beantwoord met tegengeweld. Toen Abbassi Madani en Ali Benhadj eind juni openlijk opriepen tot gewapend verzet, werden ze achter de tralies gezet. Het FLN keerde met de grove borstel: zeven leden van de majlis al-sjoera van het FIS en de

FIS-burgemeesters van 33 gemeenten en steden werden opgepakt. Meer dan 2000 kaderleden van de partij werden gearresteerd. De in het nauw gedreven FLN-regering verviel in dezelfde fout als de Egyptische en de Tunesische bewindslui, die in het begin van de jaren '90 met hun gewapende religieuze fanatici wilden afrekenen: ze maakten er martelaars van.

Samen met deze arrestatiegolf zorgde president Chadli Bendjedid voor een cosmetische operatie binnen de regeringstop, die moest aantonen dat de machthebbers wel degelijk rekening hielden met het ongenoegen van het volk. De regering van Mouloud Hamrouche, die werd aangewezen als de belangrijkste verantwoordelijke voor de protestacties van het FIS, moest opstappen. Premier Hamrouche werd opgevolgd door Sid Ahmed Ghozali, de voormalige directeur van de Algerijnse olie- en gasmaatschappij Sonatrach. Ghozali was na een schandaal – hij lag aan de basis van een weinig lucratief gasakkoord met de Amerikaanse maatschappij El Paso – de woestijn ingestuurd. Van 1980 tot 1988 had hij in een vergulde ballingenkooi geleefd als ambassadeur in Brussel. Naast de aanstelling van Ghozali, beloofde president Chadli Bendjedid het volk vervroegde presidentsverkiezingen. De parlementsverkiezingen werden tot in december 1991 uitgesteld. Terwijl bijna al haar woordvoerders in de cel zaten, besloot het FIS toch nog deel te nemen aan de verkiezingen. Dat kon. President Chadli Bendjedid vertrouwde er immers op dat het nieuwe kiesstelsel het FLN naar de zege zou leiden en dat de zuivering binnen de partijtop een aantal gematigde fundamentalisten gunstig zou stemmen.

Maar Chadli Bendjedid sloeg de bal compleet mis: op de eerste dag van de eerste verkiezingsronde op 26 december 1991 verpulverde het FIS het FLN. Van de 430 zetels gingen er die eerste dag 188 naar het FIS, 25 naar het FFS en amper 16 naar het FLN. De onafhankelijken behaalden drie zetels. Hoewel de verkiezingsuitslag niet volledig in het voordeel van het FIS sprak – om en bij de 50 pct. van de stemgerechtigden waren niet komen opdagen – leek het meer dan waarschijnlijk dat het FIS tijdens de tweede ronde naar een grote meerderheid van de zetels afstormde. Meteen gingen er stemmen op om het leger definitief te laten afrekenen met het FIS. Een andere mogelijkheid was de tweede verkiezingsronde – die op 16 januari 1992 was vastgelegd – op te schorten. Paradoxaal genoeg waren het vooral de democratische oppositiepartijen en -bewegingen (RCD, PAGS, Liga voor de Rechten van de Mens en de vrouwenbewegingen), die heil zagen in dit voorstel. Enkel het FFS en het FLN waren bereid om de verkiezingen voort te zetten. Het FIS van zijn kant verklaarde dat het bereid was om 'onder bepaalde voorwaarden' scheep te gaan met het Algerijnse staatshoofd.

Voor het leger was dit een huiveringwekkend idee. De geprivilegieerde legertop gruwelde immers van de gedachte dat het FIS ook maar de minste inspraak zou hebben in de Algerijnse interne keuken. Sinds jaar en dag was het de ruggegraat van de Algerijnse staat en pottekijkers hadden de militairen niet nodig. Daarom besloten ze het roer in eigen handen te nemen. Het leger pleegde een fluwelen, stille staatsgreep. President Chadli Bendjedid werd gedwongen ontslag te nemen vijf dagen voor de tweede ronde van de verkiezingen. Op 11 januari 1992 trad hij af. De tweede ronde werd geannuleerd door een inderhaast samengesteld Hoog Comité van de Staat. En de resultaten van de eerste ronde werden vernietigd. Voortaan deelde het Hoog Comité van de Staat de lakens uit. De samenstelling van dit comité was hoogst merkwaardig: Mohammed Boudiaf, een van de historische leiders van de onafhankelijkheidsoorlog, generaal Khaled Nezzar (minister van Defensie), Ali Kafi (secretaris-generaal van de Nationale Organisatie van Oud-strijders), Tedjini Haddam (rector van de moskee van Parijs) en Ali Haroun (veteraan van de onafhankelijkheidsoorlog die minister van Mensenrechten werd). Hoewel het FIS dit comité verketterde, riep het zijn achterban op geen geweld te gebruiken. In het geheim voerden de leiders van het FIS gesprekken met het FFS en het FLN, die niet tevreden waren met de gang van zaken. De militairen wezen iedere vorm van overleg immers af. Dat werd extra duidelijk toen het Hoog Comité op 9 februari 1992 de noodtoestand afkondigde waardoor het leger vrij spel kreeg: de jacht op het FIS en zijn aanhangers was geopend. Van dan af kwam het land in een stroomversnelling van geweld en afrekeningen tussen het FIS en het leger terecht. In het kluwen van geweld – waarbij het niet altijd even duidelijk was wie tegen wie vocht en wie welke aanslagen pleegde – zagen de zogenaamde Afghani's, die de wettelijkheid van het FIS weigerden te erkennen, de kans schoon om hun kalachnikovs weer te voorschijn te halen.

In die dagen regende het weer arrestaties. Om het groeiend aantal gevangenen kwijt te kunnen, werden vijf detentiecentra in de Sahara geopend. De levensomstandigheden waren er zo bar dat de Liga voor de Mensenrechten er geregeld melding van maakte in haar rapporten. De persvrijheid werd weer strikt aan banden gelegd en de journalisten werden voortaan niet alleen vervolgd door de regering, ze werden ook schietschijf van de gewapende fundamentalisten. Uiteindelijk werd het FIS wettelijk opgeheven. Op 4 maart 1992 verbande de administratieve kamer van Algiers de partij naar de illegaliteit. Hiermee werd een feitelijke toestand geformaliseerd omdat de partij al lang niet meer effectief bestond: de hoofdzetel van het FIS in Algiers was gesloten, de FIS-kranten (*al-Forqane* in het Frans en *al-Munqid* in het Arabisch) waren verboden, de 250 gemeentehuizen, waar het FIS de plak zwaaide, waren verzegeld, de belangrijkste leiders zaten achter de tralies en de harde kern van militanten zat in de woestijn gevangen. Als bijkomende maatregel werden politieke toespraken in de moskeeën verboden en religieuze meetings werden door het leger en de politie uiteengeranseld.

De officiële ontbinding van het FIS was voor velen het startsein om de wapens op te nemen en aanslagen en moorden te plegen op politieke tegenstanders. Het FIS, of wat ervan overbleef, richtte haar eigen gewapende vleugel op: de MIA (Mouvement islamique armé of Gewapende Islamitische Beweging), die in juni 1994 werd herdoopt tot AIS (Armée islamique du salut of Islamitisch Heilsleger). Zoals de Algerijnen zeggen: de pest, het dictatoriale FLN-regime, had plaats gemaakt voor de cholera, het geweld van het AIS en talrijke andere fundamentalistische groepjes.
Sinds het verbod tegen het FIS vielen er maandelijks duizend doden in beide kampen: regeringsleger en fundamentalistische milities.

In een eerste fase richtte het AIS zijn geweld voornamelijk tegen mensen van de veiligheidsdiensten, leden van de Nationale Raadgevende Raad en burgemeesters, die de plaats van de FIS-verkozenen hadden ingenomen. Zij werden doodgeschoten, de keel afgesneden of verrast door een bom. Een tweede groep 'vijanden' waren de intellectuelen en de journalisten. Zij werden ervan verdacht 'samen te werken met de regering'. Vanaf september 1993 werd het vuur geopend op alle buitenlanders in Algerije. De gewapende fundamentalisten vaardigden een ultimatum uit: tegen 30 november 1993 moesten alle buitenlanders het land hebben verlaten. Wie dit ultimatum naast zich neerlegde, moedwillig of niet, werd vogelvrij verklaard. Het FIS verantwoordde een groot deel van al deze moorden met het argument dat het hier om een antwoord ging op de repressie van het leger en de staat. Voor enkele aanslagen weigerde het FIS zelfs de verantwoordelijkheid te dragen.
Dat was en is ondermeer het geval met de moordaanslagen op president Mohammed Boudiaf en voormalig premier Kasdi Merbah in de zomer van 1993. Die zouden het werk zijn van 'andere krachten', waarmee duidelijk gezinspeeld werd op de Algerijnse veiligheidsdiensten.

Samen met het AIS stonden talrijke andere duistere groepjes op om het land te destabiliseren. Steeds meer kleine gewapende milities maakten gebruik van de chaos om nagenoeg ongestraft te moorden en te stelen. In de escalatie van aanslagen en vooral bij de moorden op de buitenlanders en mensen, die allesbehalve banden hadden met de machthebbers, dook steeds vaker de naam op van een onduidelijk gestructureerde terroristische 'beweging', die beweerde dat ze geen verantwoording aan het FIS hoefde af te leggen: de GIA (Groupe islamique armé of Gewapende Islamitische Groep). Over deze groep was bijzonder weinig geweten.[10] De GIA was een allegaartje van fanatici en bandieten. De groep zou onder andere bestaan uit guerrillero's van de beweging van Mustapha Bouyali en uit honderden oud-strijders uit Afghanistan, die hun opleiding als guerrillero en hun wapens aan de Verenigde Staten te danken hebben. Aan deze zogenaamde Afghani's werden de meeste moorden op intellectuelen en buitenlanders toegeschreven. Verder zou er in de rangen van de GIA ook een deel ordinaire misdadigers te vinden zijn. Een vierde groep GIA-leden bestaat uit misnoegde, ondergedoken FIS-leden, die het niet langer eens zijn met de politiek van hun leider Abbassi Madani.

De GIA-leiders volgden elkaar in snel tempo op. Aan het roer van het mistige schip stond een tijd lang Abdelhak al-Ayada. Hij werd in 1993 gearresteerd in Marokko en drie maanden later uitgeleverd aan Algerije. Na hem verscheen Sid Mourad Ahmed (die de veelzeggende bijnaam Djafar al-Afghani had) ten tonele. Hij kwam in februari 1994 om het leven. In mei 1994 zwoeren verschillende leden van het FIS (onder wie Mohammed Saïd) eeuwige trouw aan de derde GIA-leider, Abou Ahmed (alias Cherif Kawasmi of Gousmi). Bedoeling van deze eed was de verschillende als paddestoelen opduikende gewapende benden tot een geheel te verenigen. Het opzet slaagde. Maar in september 1994 werd Abou Ahmed doodgeschoten. Hij werd op zijn beurt opgevolgd door Abou

Khalil. In hoeverre er daadwerkelijk banden bestaan tussen de GIA en het FIS is niet duidelijk. Feit is dat de GIA uitgroeide tot de radicaalste gewapende, fundamentalistische beweging in Algerije. Uit sommige bronnen blijkt dat de GIA eigen statuten en een eigen structuur zou hebben, hoewel sommige waarnemers dit sterk betwijfelen.

De Groupe islamique armé zou Algerije in drie regio's hebben ingedeeld (het Oosten, het Westen en het Centrum). In elk van deze regio's is een aantal groepen (*djamaats*) onder leiding van een emir actief. Deze emir staat aan het hoofd van een zogenaamd wetgevend comité, waarin moefti's zetelen. Dit comité spreekt *fatwa's* of religieuze aanbevelingen uit over de operaties van de djamaat. Zo verscheen er ooit een fatwa van imam Ikhlef Charati, een naaste vriend van Abbassi Madani, die op vier cassettes was uitgesmeerd. De imam werd later gearresteerd, maar trok zijn fatwa nooit in. Behalve de harde kern fundamentalisten, konden zich buiten de djamaats ook gelegenheidsgroepjes ontwikkelen, die de terroristische GIA-acties steunden.
Op rekening van de GIA staan tal van misdaden en aanslagen, waarvan de meeste de wereldpers haalden omdat de doelwitten vaak bekende figuren zijn. Op de zwarte lijst, die steeds langer wordt, staan veelal zangers, schrijvers, dichters, cineasten, journalisten en advocaten. Aan de GIA werden de moorden op gerespecteerde figuren als de schrijvers Tahar Djaout en Laadi Flici, de socioloog Mohammed Boukhobza, de ex-minister Djillali Liabès en de pediater Belkenchir toegeschreven. Maar ook gewone burgers werden niet ontzien: jonge meisjes, spelende kinderen, eenvoudige politieagenten en hun familieleden, niet-gesluierde vrouwen, voorbijgangers...

Het geweld van de GIA is blind en wreed. Het slaat op de meest onverwachte momenten en plaatsen toe. Alhoewel de Algerijnse overheid de berichten steeds heeft ontkend, wordt een groot deel van het blinde geweld op burgers en intellectuelen niet aan de GIA, maar aan de Algerijnse staatsveiligheid toegeschreven. Het zou hier om een welbewuste strategie van de staat gaan, waardoor elke toenadering tot de fundamentalisten ongedaan moest worden gemaakt. Zo zouden de spraakmakende moorden op Mohammed Boudiaf en de bekende Algerijnse psychiater Boucebsi door de Algerijnse staat en niet door de GIA zijn gepleegd.[11] Al wie toenadering zocht tot het FIS werd geïntimideerd en zelfs uitgeschakeld. Tot deze categorie moorden zou de dood van de voormalige premier Kasdi Merbah behoren. Merbah was de leider van de kleine partij MAJD (Mouvement algérien pour la justice et le développement of Algerijnse Beweging voor Rechtvaardigheid en Ontwikkeling), die trachtte te onderhandelen met de leden van het FIS in ballingschap. Ook de ophefmakende kidnappingen van Franse burgers en diplomaten in oktober 1993 werden aan de staatsveiligheid toegeschreven. De Fransen werden enkele dagen na hun kidnapping bevrijd, dankzij de interventie van de Algerijnse veiligheidsdiensten. Doel van deze actie: de internationale publieke opinie en op de eerste plaats de Franse regering overtuigen van de geloofwaardigheid en efficiëntie van de Algerijnse staat. En inmiddels zitten de 26 miljoen Algerijnen tussen hamer en aambeeld: een militaire dictatuur of de terreur van de fundamentalisten. Bij het moordende geweld wordt het steeds onduidelijker wie voor welke aanslagen verantwoordelijk is: de gekken van Allah of de hardliners van de legertop.

# 7

# Het ziet er somber uit voor Algerije

Algerijnen beheersen perfect de kunst van het eufemisme en het eigen jargon. *Eradicateur* is zo'n eufemisme. Het woord staat in geen enkel Frans woordenboek, maar dankzij het dagelijkse gebruik ervan in de Algerijnse media bestaat de kans dat het ooit zal worden opgenomen in de *Larousse* of de *Petit Robert*, de twee toonaangevende woordenboeken van de Franse taal. *Eradicateurs* staat voor de generaals en de leden van de Algerijnse regering, die er vast van overtuigd blijven dat de terreur van de gewapende fundamentalistische milities GIA (Gewapende Islamitische Groep) en AIS (Islamitisch Heilsleger, de gewapende arm van het verboden FIS, het Islamitische Heilsfront) alleen maar met bikkelharde contraterreur kan worden uitgeroeid. Zij zijn dus de 'uitroeiers'.

Deze harde militaire aanpak van de fundamentalisten laat elke dag opnieuw zijn sporen na. Algerije begraaft naar schatting nog steeds duizend doden per week. Steeds vaker komt het tot grootscheepse gevechten tussen gewapende fundamentalisten en antiterreureenheden van het Algerijnse leger. Niet zelden vallen er bij deze veldslagen en klopjachten in een mum van tijd honderden doden. Tijdens de eerste twee jaar van de fundamentalistische terreur en de contraterreur van het leger en de gendarmerie waren dergelijke grootscheepse militaire operaties eerder uitzonderlijk. Vandaag zijn ze regel. Om een maquis van enkele honderden gewapende fundamentalisten uit te schakelen worden vaak tot 3 000 elitesoldaten ingezet, die steun krijgen van artillerie- en luchtbombardementen. Toen Algiers in april 1994 een eerste akkoord kon afsluiten met het Internationaal Monetair Fonds (IMF) over een herschikking van zijn buitenlandse schuld, hadden de Algerijnse militairen opnieuw wat budgettaire ruimte. De om en bij de 150 000 man sterke strijdmacht (107 000 manschappen bij de landmacht, 12 000 bij de luchtmacht, 6500 bij de zeemacht en 23 000 bij de rijkswacht) beschikte voornamelijk over wapentuig, munitie en uitrusting van Sovjetmakelij uit de jaren '70. Het Algerijnse leger was dus slecht uitgerust voor de strijd tegen een fundamentalistische guerrilla. Dankzij de herschikking van de buitenlandse schuld kon de legertop een aantal belangrijke aankopen doen voor een betere anti-guerrilla-uitrusting: Franse Ecureuil-helikopters en gesofisticeerde nachtkijkers. Tegelijk werd de soldij van de militairen, die bij deze grootscheepse operaties betrokken waren, gevoelig opgetrokken.[1] Niets wijst erop dat de leiders van het militaire regime en de top van het Algerijnse leger snel zullen afstappen van deze louter militaire optie in hun strijd tegen het fundamentalisme.

De GIA en het AIS zetten hun terreurcampagne onverminderd voort. Opvallend daarbij blijft dat zelden belangrijke kopstukken van het Algerijnse regime het doelwit zijn. Het spectaculairste voorbeeld daarvan leverde de GIA op zaterdag 24 december 1994. Een commando van vier GIA-strijders, onder leiding van Abdallah Yahia, kaapte op de internationale luchthaven Houari Boumedienne in Algiers een Airbus van de Franse luchtvaartmaatschappij Air France. Abdallah Yahia was geen onbekende voor de Algerijnse overheid. Hij was een van de belangrijkste 'emirs' van de GIA in de Eucalyptuswijk, een van de ontoegankelijkste fundamentalistische bolwerken van de hoofdstad Algiers. Yahia stond aan het hoofd van een van de GIA-terreurgroepen: de El Mouakioune Bi Eddima ('Zij die hun handtekening plaatsen met hun bloed'). Hij werd gezocht voor een van de bloedigste aanslagen van de GIA op buitenlanders in Algerije. Op 3 augustus 1994 was de groep verantwoordelijk voor een aanslag op het Franse consulaat in de wijk Ain Allah in Algiers. Bij de actie kwamen drie Franse gendarmes en twee leden van het consulaat om het leven. Niettemin slaagden Abdallah Yahia en zijn drie kompanen er op 24 december 1994 in ongestoord het luchthavengebouw in Algiers binnen te wandelen en de Airbus van Air France te kapen. Tijdens de actie, die 54 uur later werd beëindigd op 26 december op de luchthaven van Marseille, bracht het commando van Yahia een Algerijnse politieagent om het leven, een diplomaat van de Viëtnamese ambassade in Algiers en de kok van de Franse ambassade. Drie zeer gratuite moorden, als men bedenkt, dat er aan boord van de Airbus heel wat geduchtere tegenstanders van de fundamentalisten zaten.

In een interview met het Franse weekblad *Le Nouvel Observateur* merkte de door het FIS ter dood veroordeelde Algerijnse schrijver, Rachid Boudjedra, op dat er 'aan boord van het toestel drie ex-ministers, een minister in functie en verscheidene hogere officieren van het Algerijnse leger aanwezig waren'.[2] 'Als bij toeval werd niemand van hen een haar gekrenkt', merkte Boudjedra niet zonder sarcasme op. Een andere passagier van de Airbus was een evenmin te versmaden doelwit voor het GIA-commando van Abdallah Yahia: de populaire Kabylische zanger Ferhat Mehenni. In heel Algerije stond hij bekend als een hardnekkige en radicale tegenstander van de fundamentalisten. De 43-jarige zanger was samen met Saïd Sadi een van de oprichters van de nieuwe Berberbeweging Rassemblement pour la culture et la démocratie (RCD of Verbond voor Cultuur en Democratie). In Kabylië heeft het RCD de plaatselijke bevolking georganiseerd in gewapende zelfverdedigingsgroepen, die de fundamentalisten van de GIA en het AIS actief bestrijden. In tegenstelling tot de andere belangrijke politieke partij van de Berbers, het FFS (Front van Socialistische Krachten) van Hocine Aït Ahmed, wijst het RCD elke dialoog, elk compromis, met de fundamenalisten af. Daardoor kreeg de beweging de reputatie tot de *éradicateurs* te behoren. In een gesprek met de Franse krant *Libération* [3] deed Ferhat Mehenni het relaas van zijn bange gijzelaarsavontuur. De kapers hadden hem niet meteen herkend. 'Maar na verloop van tijd moet mijn gezicht hen stilaan toch iets gezegd hebben', vertelde Mehenni. 'Ze vroegen mijn paspoort en dreigden ermee mij ogenblikkelijk neer te schieten. Ze hebben uiteindelijk van mijn terechtstelling afgezien, omdat ze hoopten mij als mogelijke pasmunt te kunnen gebruiken bij de ontknoping van de kaping.' Die ontknoping kwam er, toen de Airbus op de luchthaven van Marseille was geland. Een elite-eenheid van de Franse politie bestormde het toestel op 26 december en de vier kapers werden in de cockpit doodgeschoten.

Bij de dagelijkse acties van de gewapende fundamentalisten worden zelden of nooit belangrijke leden van het politieke, economische of militaire establishment getroffen. De meeste slachtoffers van de fundamentalistische terreur zijn politieagenten, militairen en hun familieleden. Tientallen schrijvers, intellectuelen, journalisten en honderden vrouwen, die zich niet wensen te schikken naar de bigotte voorschriften van de fundamentalisten zijn inmiddels – vaak op gruwelijke wijze – vermoord. De voorlopige dodenbalans van drie jaar terreur en contraterreur is indrukwekkend: meer dan 40 000 slachtoffers.

En toch hebben zich de afgelopen maanden zeer vreemde politieke en diplomatieke ontwikkelingen voorgedaan, waarbij de vraag rijst of er op termijn geen 'historisch compromis' in de maak is tussen de vertegenwoordigers van het ancien régime, van het huidige militaire bewind en van het Islamitisch Heilsfront.

Van 8 tot 13 januari 1995 vergaderden zeven Algerijnse politieke partijen en de voorzitter van de Liga voor de Verdediging van de Rechten van de Mens, Abdenour Ali Yahia, in Rome.[4] Het initiatief voor deze topontmoeting ging uit van de katholieke vereniging Sant'Egidio. Deze in Rome gevestigde organisatie werd als geesteskind van het Tweede Vaticaanse Concilie in 1968 opgericht door een groep katholieke studenten en priesters. Belangrijkste bekommernis van Sant'Egidio en van stichter Andrea Riccardi, een leek en hoogleraar kerkelijke geschiedenis, was de 'zorg voor de armsten in onze maatschappij'. In Rome en Genua begonnen de leden van Sant' Egidio in de armenwijken te werken. En al snel trok de organisatie ook naar de bidonvilles in Afrika en Midden-Amerika. Vandaag is Sant'Egidio uitgegroeid tot een niet-gouvernementele organisatie met ontwikkelingsprojecten overal ter wereld en meer dan 20 000 vrijwilligers. De eerste stappen op het diplomatieke terrein zetten stichter Riccardi en de Italiaanse priester Don Matteo Zuppi in 1990. Sant'Egidio nam toen het initiatief om de strijdende partijen van de in Mozambique al bijna vijftien jaar lang aanslepende burgeroorlog samen aan tafel te brengen. Twee jaar later, op 4 oktober 1992, ondertekenden de Mozambiquaanse linkse regeringspartij FRELIMO en het door het Zuidafrikaanse apartheidsregime gesteunde rebellenleger RENAMO in Rome een vredesakkoord, dat een einde maakte aan de burgeroorlog.

Ander belangrijk streven van het genootschap van Sant'Egidio was de toenadering tussen christenen en leden van de andere belangrijke wereldgodsdiensten. Dat resulteerde in 1993 in de oprichting van een gemeenschappelijk secretariaat van Sant'Egidio en de Islamitische Wereldliga. Vanuit deze nieuwe contacten kon de 'freelance diplomatie' – zoals Andrea Riccardi ze graag bestempelt – beginnen om tot een oplossing te komen voor de uit de hand gelopen toestand in Algerije. Op 21 en 22 november 1994 slaagde Sant'Egidio erin een eerste conferentie te beleggen in Rome, waaraan naast de Algerijnse traditionele partijen en enkele kleine oppositiepartijen, ook vertegenwoordigers van het verboden FIS deelnamen.
De deelnemers aan de tweede Sant'Egidio-conferentie – waaronder de drie Algerijnse 'Fronten': het Islamitische Heilsfront (FIS), het FLN en het FFS van de sociaal-democraat en Berberleider Hocine Aït Ahmed – ondertekenden op 13 januari 1995 in Rome een gemeenschappelijk 'platform voor een nationaal contract', dat moest leiden naar een herstel van de vrede en een politieke oplossing voor de problemen van het land.[5]

De tekst van het platform pleitte voor 'een nieuwe vredesdynamiek, een stapsgewijs proces van onderhandelingen met het oog op daadwerkelijke maatregelen om tot *détente* te komen (sluiting van de strafkampen, opheffing van de staat van beleg en van alle uitzonderingsmaatregelen). Ten tweede een dringende en ondubbelzinnige oproep om de gevechten stop te zetten.'

De ondertekenaars spraken zich voorts uit voor de oprichting van 'een wettig overgangsgezag'. 'Met het oog hierop moet er een nationale conferentie komen, die over reële bevoegdheden beschikt en die is samengesteld uit het huidige daadwerkelijke gezag en de representatieve politieke krachten.'

'Deze conferentie,' aldus nog steeds de platformtekst van Rome, 'zal een beslissing nemen over de overgangsstructuren, de modaliteiten en de duur van de overgangsperiode, die zo kort mogelijk moet zijn en moet leiden naar vrije en pluralistische verkiezingen, waardoor het volk zijn volledige soevereiniteit kan uitoefenen. Het recht op informatie, de vrije toegang tot de media en de voorwaarden voor een vrije keuze van het volk moeten worden gewaarborgd.'

Voor het overige werden in Rome zeven concrete voorwaarden geformuleerd om tot een nationale conferentie te kunnen komen:

1. 'De daadwerkelijke vrijlating van de verantwoordelijken van het FIS en van alle politieke gevangenen. De leiders van het FIS moeten alle middelen en alle noodzakelijke garanties krijgen, waardoor ze zich vrij kunnen verenigen, onderling, maar ook met al diegenen, waarvan ze de deelneming aan de besluitvorming noodzakelijk achten.'
2. 'De openheid van de politiek en de media. Opheffing van de maatregel waardoor het FIS werd ontbonden. Volledig herstel van de activiteiten van alle partijen.'
3. 'Opheffing van alle verbodsbepalingen en van het verschijningsverbod tegen kranten, geschriften en boeken, zoals die thans via uitzonderingsmaatregelen kunnen worden toegepast.'

4. 'Onmiddellijke, daadwerkelijke en controleerbare stopzetting van de folterpraktijken.'

5. 'Stopzetting van de uitvoering van doodvonnissen, buitengerechtelijke terechtstellingen en represailles tegen de burgerbevolking.'

6. 'Een veroordeling van en een oproep tot stopzetting van de wreedheden en de aanslagen tegen burgers, buitenlanders en van de vernieling van bezittingen van de overheid.'

7. 'De oprichting van een onafhankelijke commissie om een onderzoek in te stellen naar de gewelddaden en de ernstige schendingen van de rechten van de mens.'

In Rome stemden de leiders van het verboden FIS ook in met een algemene principeverklaring. Daarin werd verwezen naar artikel 1 van de Verklaring van 1 november 1954: 'het herstel van de soevereine, democratische en sociale staat Algerije in het kader van de principes van de islam'.[6] Alle ondertekenaars (ook die van het FIS) verklaarden zich akkoord met 'de verwerping van het geweld om aan de macht te komen of de macht te behouden; de verwerping van elke vorm van dictatuur, van welke aard of vorm dan ook, en het recht van het volk om zijn verkozen instellingen te verdedigen; het respect voor en de bevordering van de rechten van de menselijke persoon, zoals die werden geformuleerd in de Universele Verklaring van de Rechten van de Mens, de internationale verdragen inzake mensenrechten en de internationale conventie tegen foltering.'

En tenslotte sprak de tekst van Rome zich uit voor 'garanties voor de individuele en collectieve rechten zoals ras, geslacht, godsdienstige overtuiging en taal'. Het 'meerpartijenstelsel' werd door de ondertekenaars bevestigd, de 'niet-inmenging van het leger in politieke aangelegenheden'; de 'scheiding van de wetgevende, uitvoerende en gerechtelijke macht'.

'De elementen, die de Algerijnse persoonlijkheid vormen zijn de islam, het Arabisch en het Tamazight[7]; de cultuur en de taal, die bijdragen tot de ontwikkeling van deze persoonlijk-

heid moeten binnen een eenheidskader hun plaats en institutionele bevordering krijgen, zonder een van beide uit te sluiten of te marginaliseren.'
Het zal wel een toeval zijn dat deze tekst uitgerekend in Rome tot stand kwam, waar in de jaren '70 en '80 zo druk werd gedebatteerd over 'een historisch compromis' tussen Italiaanse christen-democraten en communisten. Maar het platform van Rome is zonder enige twijfel een Algerijnse versie van een 'historisch compromis'.

Aan de oproepen tot nationale verzoening, nationale dialoog en een 'nationaal contract' waren talloze signalen voorafgegaan, niet alleen uit het binnenland, maar vooral uit het buitenland.
In Frankrijk, het oude koloniale moederland, gaf de rechtse regering van Edouard Balladur de indruk in verspreide slagorde aan te treden. Invloedrijke figuren als de flamboyante minister van Binnenlandse Zaken, Charles Pasqua, steunden zonder omwegen de gespierde aanpak van de Algerijnse militairen. 'Er bestaan geen gematigde fundamentalisten', zo luidde een van de door Pasqua graag gebruikte one-liners. Minister van Buitenlandse Zaken, Alain Juppé (thans premier van de eerste regering onder de nieuwe rechtse president Jacques Chirac) steunde het Algerijnse regime weliswaar, maar stond niet uitgesproken vijandig tegenover de pogingen om in Algerije een nationale dialoog tot stand te brengen, waaraan volgens hem ook leden van het verboden FIS zouden moeten deelnemen. Alleen kon Alain Juppé het nauwelijks verdragen dat de belangrijkste rivaal van Parijs op het Afrikaanse continent, de Verenigde Staten, zich zo openlijk mengde in de interne aangelegenheden van Algerije. Kort voor het begin van de Sant'Egidio-conferentie in Rome, en ook nadien op 20 januari tijdens een ontmoeting met FLN-onderhandelaar Abdelhamid Mehri en FFS-leider Hocine Aït Ahmed in Parijs, had Robert Pelletreau, de VS-onderstaatssecretaris voor Noord-Afrika en het Midden-Oosten, onomwonden verklaard dat

‘Algerije de basis van zijn regering moest verruimen door er fundamentalisten in op te nemen’. De Franse diplomatie en media hadden voordien al vaker kregelig gereageerd op de welwillendheid, waarmee de VS-regering een van de belangrijkste woordvoerders van het FIS in het buitenland, Annouar Haddam, behandelde. Haddam had meer dan eens vanuit zijn Amerikaanse ballingsoord de terreurdaden van het FIS openlijk goedgekeurd. En ook de FIS-vertegenwoordiger in Duitsland, Rabah Kebir, kon – vaak tot grote ergernis van de Franse bondgenoten van Helmut Kohl – ongestoord zijn gang gaan en vanuit zijn Duitse ballingsoord zijn radicalistische donderpreken en communiqués op de wereld loslaten. Haddam en Kebir waren de vertegenwoordigers van het FIS, die het platform van Rome ondertekenden. Maar op het ogenblik dat de Sant’Egidio-conferentie haar werkzaamheden begon, was ook Alain Juppé, de chef van de Franse diplomatie, bijgedraaid en verklaarde hij zich voorstander van een nationale dialoog in Algerije.

Veertien dagen na de ondertekening van het platform van Rome, had Alain Juppé op 27 januari 1995 in Washington een lunch met zijn VS-collega van Buitenlandse Zaken, Warren Christopher. Na afloop bleek dat Washington en Parijs in het Algerijnse dossier nagenoeg de violen op elkaar hadden afgestemd. Volgens Juppé hadden Frankrijk en de Verenigde Staten ‘hun standpunten de voorbije maanden dichter bij elkaar gebracht’. ‘Beide landen hebben met belangstelling de recente discussies in Rome begroet, die een bijdrage kunnen zijn tot de broodnodige dialoog in Algerije.’[8] Juppé meldde aan de verzamelde pers ook nog dat er ‘tussen beide landen een ruime overeenkomst bestond wat betreft de veroordeling van het geweld en het terrorisme, de oproep tot nationale dialoog en het behoud van de internationale hulp met het oog op een relance van de Algerijnse economie.’ Met die laatste uitspraak had Juppé het uiteraard over een van de stokpaardjes van de Franse Algerije-politiek: hoe krijg je het voor elkaar dat de broodnodige internationale kredietlijnen voor het Algerijnse regime open blijven en dat de Algerijnse machthebbers tegelijk bereid zijn het drastische programma van het IMF voor de aanzuivering van de meer dan 26 miljard dollar buitenlandse schuld van het land uit te voeren? Daarover lopen al geruime tijd bijzonder moeilijke onderhandelingen.

Ook François Mitterrand, die aan de laatste maanden van zijn ambtstermijn begonnen was, liet zich positief uit over de Sant'Egidio-conferentie. Tijdens een onderhoud met de Duitse kanselier Helmut Kohl op 3 februari sprak de toenmalige Franse president zich uit voor een initiatief van de Europese Unie om 'een conferentie te organiseren, die geïnspireerd is op de verschillende ideeën, die meer bepaald tijdens de conferentie van de Algerijnse oppositie in Rome naar voren zijn gekomen.' En Mitterrand haastte zich eraan toe te voegen: 'het gaat hier om een conversatie, om een hoop. Dit is nog geen concrete politiek'.[9]

Een ander – op het eerste gezicht onverwacht – signaal voor een 'nationale dialoog' in Algerije kwam uit Soedan. Daar staat luitenant-generaal Omar al-Bashir aan het hoofd van een militaire regering en een islamitische republiek. De 'ervaren gids van de Soedanese revolutie' en grote ideoloog van het regime heet echter Hassan al-Tourabi. Officieel heeft de man geen enkele functie binnen het Soedanese staatsbestel. Maar hij geldt niettemin als de sterke man van het regime. Van 30 maart tot 9 april 1995 was hij in Khartoem gastheer en secretaris-generaal van het Islamitisch Volkscongres. Het was de derde keer dat al-Tourabi dit congres in Khartoem bijeenriep, waar 300 vertegenwoordigers van radicale fundamentalistische moslimbewegingen uit ongeveer 80 landen elkaar vonden.
Hassan al-Tourabi geldt al ettelijke jaren als een van de geestelijke leiders van fundamentalistische gewapende groepen in Egypte en Algerije. Begin april 1995 waren in Khartoem zowel vertegenwoordigers van het Islamitische Heilsleger (AIS)

als van de doorgaans als nog radicaler geldende GIA present. Opvallend tijdens dit derde Islamitisch Volkscongres was echter dat al-Tourabi heel even warm, maar vooral heel vaak koud blies.

In een interview met het Duitse magazine *Der Spiegel* voorspelde hij 'dat de onstuitbare opgang van de islam een nieuwe wereldorde met zich zal brengen en het einde zal inluiden van de Amerikaanse Coca-Cola-cultuur'.[10] En Gilles Millet, de correspondent van de Franse krant *Libération* noteerde in Khartoem de openingstoespraak van al-Tourabi: 'In 1993, tijdens het tweede Islamitisch Volkscongres, hebben wij vooral getracht alle moslims van de wereld te verenigen en hun onderlinge tegenstellingen op te lossen, zoals in Algerije, Afghanistan, Somalië of Palestina.'[11] In al deze landen staan de verschillende fundamentalistische fracties heel vaak met getrokken messen tegenover elkaar. In Afghanistan woedt sinds het vertrek van de Sovjettroepen in 1989 een genadeloze burgeroorlog tussen de diverse fundamentalistische krijgsheren. In Algerije leveren GIA en AIS regelmatig onderling slag. En bij de Palestijnen willen Hamas en de Islamitische Djihad elkaar wel eens in de haren vliegen – letterlijk en figuurlijk. Hassan al-Tourabi voorspelde tegenover *Libération* echter dat 'deze conferentie zal overgaan tot concrete maatregelen, tot acties, die de islamitische militanten zullen verenigen tegen de nieuwe wereldorde.'

In zijn gesprek met *Der Spiegel* warmde al-Tourabi een van de oude denkbeelden van de Moslimbroederschap en het fundamentalisme nog eens op: 'Het Islamitisch Volkscongres heeft zich voorgenomen de islamitische wereld weer te verenigen. De idee van aparte nationale staten is in de Arabische wereld, net zoals in de rest van de islamitische wereld, volslagen uit de mode. Deze idee werd er bij ons trouwens door de oude koloniale machten ingehamerd.'

Maar voor het overige was het bij de congresgangers en hun secretaris-generaal al-Tourabi één en al verzoeningsgezindheid.

In Khartoem werd een motie goedgekeurd waarin zonder omwegen steun werd uitgesproken aan 'het platform van Rome', dat door de leiders van het FIS werd ondertekend. De Algerijnse regering werd opgeroepen 'een einde te maken aan het bloedvergieten'. Of zoals Hassan al-Tourabi het in zijn gesprek met *Der Spiegel* stelde: 'Wij zoeken geen conflict, maar reiken iedereen de hand, die ons moslims als gelijkwaardige en gelijkberechtigde partners beschouwt. Wij streven naar vrede, niet naar oorlog.' Een van de moties riep de Verenigde Staten en Europa, 'waar niet iedereen een vijand van de islam is', op tot een dialoog.

Dat Hassan al-Tourabi ook daadwerkelijk de dialoog kan aanknopen met de Europeanen, bewees hij in de zomer van 1994. Hij voerde in Khartoem de gesprekken met de gezanten van de Franse minister van Binnenlandse Zaken, Charles Pasqua, over de uitlevering van een van de meest gezochte terroristen ter wereld, de Venezolaan Ilich Ramirez Sanchez, alias Carlos. Na de uitlevering van Carlos aan Parijs beweerde Charles Pasqua dat de Franse regering 'geen enkele tegenprestatie' had geleverd. Maar enkele maanden later, op 12 januari 1995, schreef de Parijse krant *Libération* dat de onderhandelingen tussen al-Tourabi en de gezanten van Pasqua nog op andere vlakken bijzonder vruchtbaar waren geweest. De Franse geheime dienst DST was in Khartoem druk bezig met de reorganisatie van de Soedanese inlichtingendienst. De DST had onder meer communicatiemateriaal en afluisterapparatuur aan de Soedanezen geleverd. Frankrijk, zo bleek, had ook een actieve rol gespeeld in de Soedanese burgeroorlog. Het militaire regime van Khartoem is al meer dan twaalf jaar in een bloedige oorlog verwikkeld met de rebellenbeweging SPLA (Sudanese People's Liberation Army) in het zuiden van het land. Frankrijk had het regime in Khartoem satellietfoto's bezorgd van de stellingen van de Soedanese rebellen en spande zich actief in om het IMF tot meer soepelheid te bewegen in zijn onderhandelingen over de Soedanese buitenlandse schuld van om

en bij de 16 miljard dollar. Het IMF had ermee gedreigd Soedan als lidstaat te schrappen, als de regering in Khartoem niet onmiddellijk met 1,6 miljard dollar achterstallen over de brug zou komen.
Al-Tourabi (in zijn jonge jaren, toen hij student was in Parijs, gaf hij zich graag uit voor marxist) en met hem een aantal van zijn volgelingen van het FIS in Algerije, willen vooral de macht en zijn daarom bereid de tactische huik naar de wind te hangen. In zijn geboorteland Soedan delen de fundamentalisten probleemloos de macht met het leger. Voor Algerije wensen zij duidelijk een historisch compromis, een machtsdeling met de generaals, die sinds 1992 het laken naar zich hebben toegehaald en de steun blijven genieten van machtige internationale organisaties als het IMF, en met de oude garde van het FLN, zo blijkt uit het platform van Rome.

Bij een dergelijke constructie spelen echter ook nog andere factoren een belangrijke rol. Ten eerste zijn er weinig tekenen dat er binnen de legertop in Algerije op dit ogenblik veel bereidheid bestaat om het daadwerkelijk op een akkoord te gooien met de fundamentalisten. De *éradicateurs* hebben het schijnbaar nog steeds voor het zeggen. In ieder geval verwierpen de Algerijnse regering en het leger de platformtekst van Rome ogenblikkelijk. En ook het 'Europese initiatief' van François Mitterrand werd in Algiers de grond ingeboord.

Ten tweede is en blijft het moeilijk te voorspellen in welke mate traditionele partijen als het FLN (dat door 30 jaar absolute macht, totaal gebrek aan democratie en onaanvaardbare corruptie tot op de draad versleten is) en zelfs het FFS van Hocine Aït Ahmed en de MDA van Ahmed Ben Bella (in december 1991 behaalde Ben Bella bij de verkiezingen niet eens een zetel) nog een reële politieke invloed hebben in het land. De grootste partij bij de eerste ronde van de verkiezingen in 1991 waren de Algerijnen, die weigerden hun stem uit te brengen of blanco stemden (meer dan 50 pct.). Het FIS werd destijds de grootste partij met 188 zetels, maar met een score van slechts 24 pct. Het FLN werd met 12 pct. derde (maar behaalde slechts 16 zetels), terwijl het FFS, dat vooral sterk staat onder de Berbers in Kabylië genoeg had aan iets minder dan 4 pct. om toch 25 zetels binnen te halen. Naast het grote absenteïsme bij de verkiezingen, waren er enorm veel klachten over intimidatie van de kiezers en zelfs over verkiezingsfraude.

Ten derde kan de vraag worden gesteld over de werkelijke invloed van de historische leiders van het FIS, Abbassi Madani en Ali Benhadj, op hun achterban. Het lijkt er steeds meer op dat de diverse gewapende groepen zoals het AIS en vooral de GIA steeds autonomer optreden, onder leiding van plaatselijke krijgsheren, die zo hun eigen belangen hebben. Bovendien lijken steeds meer gebieden in het noorden van Algerije stilaan volledig aan de controle van het leger te ontsnappen. Zij worden overgenomen door plaatselijke commandanten van de GIA. Tijdens het weekend van 4 en 5 juni 1995 bezetten gewapende fundamentalisten op zowat 30 kilometer van Algiers het stadje Larbaa. Het leger heeft nauwelijks nog enig gezag in deze stad, zo meldde de Algerijnse Franstalige krant *Liberté*. De plaatselijke rechtbank en de school werden door een krachtige bomexplosie met de grond gelijk gemaakt. Het dagelijkse leven in het stadje werd al maanden volledig gecontroleerd door de gewapende fundamentalisten, die bij het binnenkomen van het stadje de naamborden 'Larbaa' hebben vervangen door 'Kaboel'.[12] De naam is meer dan symbolisch: in Afghanistan hebben de Algerijnen, die later de harde kern vormden van het AIS en de GIA, destijds gevochten tegen de bezetting van de Sovjettroepen en hebben daar van hun fundamentalistische geloofsgenoten de nodige militaire ervaring opgedaan. Sinds de ontruiming van het Sovjetleger is Afghanistan – tot en met de hoofdstad Kaboel – uiteengevallen in diverse rijkjes van fundamentalistische krijgsheren en is de oorlog er bloediger dan ooit tevoren.

En ten vierde is er nog een niet onbelangrijke factor: de overgrote meerderheid van het Algerijnse volk, met zijn vakbonden, maatschappelijke verenigingen, vrouwenorganisaties, schrijvers, intellectuelen, die ten tijde van het kolonialisme en later gedurende de 30 jaar FLN-heerschappij nooit in enig politiek hoofdstuk is voorgekomen. Ook hun stem gaat nu in het strijdgewoel volkomen verloren. Ook nu weer zitten ze tussen hamer en aambeeld: het gevaar van een permanente militaire dictatuur en de absolute heerschappij van religieuze moslimfanaten en hun krijgsheren.

Belangrijke schrijvers in Algerije hebben hun stem laten horen. Zij hebben gewezen op die ondraaglijke keuze tussen militaire en islamitische dictatuur. Sommigen van hen hebben het met hun leven bekocht: Tahar Djaout, de dichter. De eerste die het slachtoffer werd van de slogan van de fundamentalisten 'wie ons met de pen beledigt, zal ten onder gaan door het mes'.

Rachid Mimouni, een andere bekende vertegenwoordiger van de Algerijnse literaire wereld, had steeds geweigerd om onder druk van de fundamentalistische terreur en de contraterreur van de *éradicateurs* zijn geliefkoosde stek te verlaten: Algerije, een land waar het ondanks alles goed leven is. Hij was door de Algerijnse fundamentalisten ter dood veroordeeld. En uiteindelijk moest hij toch vertrekken. Hij ging met tegenzin in ballingschap naar Marokko. Een acute hepatitis deed wat de fundamentalisten tot dan niet hadden gekund: hem doden en definitief het zwijgen opleggen. Rachid Mimouni stierf op 12 februari 1995. Hij was in aller ijl naar het Parijse Cochin-ziekenhuis overgebracht.

'Moslim-intellectuelen worden tussen hamer en aambeeld geprangd', schreef Mimouni op 27 juli 1994 in een brief aan de eveneens door fundamentalisten ter dood veroordeelde Bengaalse schrijfster Taslima Nasreen. 'Als ze het gebrek aan

democratie aanklagen van de regimes, waaronder ze leven, de zorgeloosheid en de corruptie van hun leiders, halen ze zich de wraak van de autoriteiten op de hals. Als ze wijzen op de gevaren van de huidige terugkeer naar het barbarendom, worden ze ter dood veroordeeld door fanatici.'
Mimouni was, zoals zo vele andere Algerijnse intellectuelen, een hardnekkig tegenstander van het fundamentalisme. In zijn pamflet *Over het barbarendom in het algemeen en het integrisme in het bijzonder*[13] liet hij daar geen schijn van twijfel over bestaan. 'De baas van de nazi-partij werd destijds ook niet geloofd toen hij het over zijn plannen had om in Duitsland een dictatuur in te stellen, waarvan hij de Führer zou zijn. Ze hebben hem niet geloofd, toen hij zei dat hij de joden zou uitroeien en nochtans had hij hen als de bron van alle kwaad bestempeld.'

'Westerlingen,' aldus Rachid Mimouni, 'herinneren er graag aan dat het FIS de verkiezingen van 26 december 1991 heeft gewonnen. De fundamentalisten van de democratie hebben heel wat raakvlakken met de integristen van de islam. De enen en de anderen bijten zich vast in principes, waarvan ze de letterlijke uitvoering eisen. Net zoals het strikt verboden is de goddelijke wet aan te passen, kan er geen sprake van zijn het democratische principe naast zich neer te leggen. De democratie vereist echter dat alle voorwaarden worden gerealiseerd opdat een gezonde werking van de democratie mogelijk wordt. Ter herinnering: het was de democratie van de Weimar-republiek, die de machtsovername van Hitler mogelijk heeft gemaakt. Stel dat er destijds Duitse patriotten waren geweest, die geweld hadden gebruikt om de opmars van de nazi-partij te stoppen, ze zouden prompt veroordeeld zijn geweest door de onvoorwaardelijke aanhangers van de democratie. Maar wie in het Westen zou vandaag de dag nog een soortgelijke houding aannemen, na het drama van de Tweede Wereldoorlog? De Europeanen bewaren een levendige herinnering aan de nazi-barbarij, want miljoenen onder hen hebben die tot in hun botten ondergaan. Maar aangezien ze veraf leven van het integrististische gevaar, vinden ze dat wij overdrijven met de vergelijkingen, die wij maken.'

'En niettemin,' besloot Rachid Mimouni, 'wie de methoden van het FIS in Algerije bekijkt, kan er niet omheen dat er zorgwekkende parallellen bestaan met de Italiaanse fascistische beweging en de Duitse nazi's. Er is dezelfde behoefte om vestimentair op te vallen. De zwarte of bruine hemden hebben plaatsgemaakt voor de *qamis* en de lange baard. De militanten houden ervan elkaar te omschouderen tijdens enorme meetings, waar ze kunnen tellen met hoeveel ze wel zijn en waar ze het bedwelmende gevoel van macht krijgen omdat ze met duizenden tegelijk aanwezig zijn. Ze trillen als espebladeren bij de vlammende toespraken van hun tribunen. Ze krijgen er een collectief orgasme. De ordewoorden waarvoor ze applaudisseren krijgen uiteindelijk iets magisch. Fascisme, nationaal-socialisme of islamitische republiek krijgen een nieuwe, radicale, utopische betekenis. Een echte solidariteit en obscure verlangens brengen deze mensen dichter bij elkaar. Deze bewegingen vinden elkaar in hun grenzeloos verlangen naar geweld.'

Een collega van de overleden romancier Rachid Mimouni, de eveneens door het FIS ter dood veroordeelde auteur, Rachid Boudjedra, denkt er net eender over. 'De GIA en het FIS zijn precies hetzelfde als wat de SA en de SS waren voor de nazipartij. Zij doen het vuile werk voor de integristen. Onderhandelen met het FIS is collaboreren met de moordenaars, die de mensen de keel afsnijden. Zoals in Frankrijk, waar maarschalk Pétain met de nazi's collaboreerde.'
'Onder Boumedienne werd ik gefolterd, maar dat alles staat niet in verhouding tot de misdaden, die het FIS begaat. De Algerijnse staat heeft mij willen intimideren en censureren. Die staat heeft mij echter nooit levend willen villen, heeft nooit mijn boeken verbrand, heeft nooit de lezers van mijn boeken willen verbranden.'[14]

Het ziet er echt niet rooskleurig uit voor Algerije. Het 'nationaal contract', zoals dat tijdens de Sant'Egidioconferentie in Rome werd uitgebroed door de vertegenwoordigers van het FLN, het FFS en het FIS, lijkt niet meer dan een dode mus. De huidige militaire machthebbers blijven elke dialoog met het FIS afwijzen. Ook de GIA, de meest fanatieke milities van de fundamentalisten, verzetten zich met hand en tand tegen een historisch compromis met het ancien régime en de huidige president Zeroual en zijn regering van militairen. De voorbije zomer hebben de verschillende groepen, die onder de noemer GIA opereren, hun terreurcampagne nog opgevoerd in Algerije met een reeks spectaculaire en bijzonder moorddadige bomaanslagen. Veel wijst erop dat de GIA zijn gewelddadige acties voortaan ook in het oude koloniale moederland, Frankrijk, wil gaan voeren. De moordende bomaanslag in het Parijse metrostation Saint-Michel op 25 juli 1995 (7 doden en 85 gewonden) droeg onmiskenbaar de handtekening van de GIA.[15] Een eerste spoor in deze zaak leidde naar een van de leiders van de GIA in Europa, Abdelkrim Deneche, alias Abdessabour[16]. Hij werd op 21 augustus 1995 gearresteerd in de Zweedse hoofdstad Stockholm. Abdessabour is 40 jaar oud, afkomstig uit Constantine en zoals zovele andere kopstukken bvan de gewapende fundamentalistische milities een 'Afghani' — een veteraan die zijn militaire opleiding heeft gekregen in de kampen van de Pakistaanse grensstad Peshawar. Op 17 juli 1995 dook zijn naam voor het eerst op in de Algerijnse pers. Volgens de Algerijnse onafhankelijke krant *La Tribune* (die ondanks zijn bijzonder kritische houding ten opzichte van de regering toch over de nodige informanten beschikt binnen het politieapparaat en de militaire veiligheidsdienst) had Abdessabour in 1992 een onderkomen gevonden in Stockholm. In 1993 verhuisde hij naar Londen, vanwaar hij regelmatig bedreigingen verstuurde naar sjeik Abdelbaki Sahraoui, een van de stichters van het FIS en predikant in een moskee in de Parijse migrantenwijk La Goutte d'Or. Sahraoui werd op 11 juli 1995 in Parijs doodgeschoten. Hij had zijn steun toegezegd aan de pogingen van het FIS om een dialoog aan te knopen met de Algerijnse machthebbers en stond bekend als een verdediger van het 'platform van Sant'Egidio'.

Op 1 maart 1995 werd in ons land Ahmed Zaoui gearresteerd. Hij zou aan het hoofd hebben gestaan van het Europese netwerk van de GIA, dat voor rekening werkte van Djamel Zitouni, een van de belangrijkste kopstukken van de terreurgroep. [illegible] werd zijn opvolger.

Op 17 augustus 1995 ontplofte in Parijs op de avenue Friedland, in de onmiddellijke buurt van de Arc de Triomphe, een bompakket dat in een vuilnisbak was gedropt. Bij de aanslag vielen als bij wonder geen doden; 17 voorbijgangers raakten evenwel gewond. De explosieven die bij deze aanslag werden gebruikt, waren van hetzelfde type als die van de bomaanslag in het metrostation Saint-Michel. De beide aanslagen en de moord op sjeik Sahraoui werden tijdens het weekend van 19 en 20 augustus opgeëist door de GIA. Inmiddels heeft de Algerijnse president Liamine Zeroual presidentsverkiezingen aangekondigd voor vrijdag 16 november 1995. Ook deze verkiezingen dreigen een slag in het water te worden. De belangrijkste partijen, die in januari 1995 de slottekst van de Sant'Egidioconferentie hebben ondertekend (FIS, FLN en FFS), lieten onmiddellijk weten dat zij niet wensen deel te nemen aan deze stembusgang. De vrees dat de fundamentalistische milities deze verkiezingen zullen aangrijpen om nog harder en gewelddadiger toe te slaan, is allebehalve ongegrond, Als het waar is dat Allah om Algiers heeft geweend, heeft hij daar vandaag meer redenen toe dan ooit tevoren.

# Bijlage 1
# De hoofdrolspelers in de Algerijnse tragedie

## De militair

### *Generaal Liamine Zeroual*

Toen hij in 1987 zijn generaalssterren kreeg, werd hij meteen de jongste generaal uit de Algerijnse geschiedenis. Liamine Zeroual stond bekend als een militair pur sang en hij hield zich ver van de heersende clans van het FLN-regime. Hij behoorde ook niet tot de directe omgeving van president Chadli Bendjedid, die zich graag liet omringen door militaire vertrouwensmannen en vrienden. Zeroual werd in 1941 geboren in Batna en sloot zich op 16-jarige leeftijd aan bij het ALN (Nationaal Bevrijdingsleger). Tijdens de onafhankelijkheidsoorlog verwierf hij de rang van officier. Zeroual vocht in de maquis in het Algerijnse binnenland. Na de onafhankelijkheid vervolledigde hij zijn militaire opleiding in de Sovjetunie, Egypte en Frankrijk.
Na de onlusten van oktober 1988 werd hij op een zijspoor gezet. In 1989 verliet hij zelfs het leger na een stevige ruzie met president Chadli Bendjedid en minister van Defensie generaal Khaled Nezzar. Tijdens een debat over de reorganisatie van het leger had generaal Zeroual een visie verdedigd, die in de ogen van Chadli Bendjedid en Khaled Nezzar geen genade vond. Zeroual had namelijk voorgesteld het Algerijnse leger grondig te hervormen. Hij pleitte voor lichte, mobiele eenheden met een doorgedreven opleiding, die in staat moesten zijn hun toekomstige opdrachten te vervullen: een snelle interventie aan de landsgrenzen en op het binnenlandse front, waar hij heibel verwachtte met gewapende fundamentalisten. Na zijn vertrek werd hij weggepromoveerd. Generaal Zeroual werd in 1989 ambassadeur in Bulgarije. Een post waarmee hij zich als militair niet kon verzoenen en al spoedig vroeg hij

opnieuw naar Algiers te worden teruggeroepen.
Nochtans was het zijn grote rivaal, generaal Nezzar, die hem weer opviste en hem tot stafchef benoemde. In 1993 volgde hij generaal Khaled Nezzar op als minister van Defensie. In die hoedanigheid voerde hij geheime gesprekken met de gevangen leiders van het FIS, Abbassi Madani en Ali Benhadj.
In januari 1994 werd hij op voorspraak van zijn mede-generaals door het HCE (Hoog Comité van de Staat, zeg maar de heersende militaire junta) tot president benoemd.
De belangrijkste betrachting van generaal Zeroual: de eenheid van de strijdkrachten bewaren, want dat is in zijn visie de enige mogelijkheid om het systeem overeind te houden.
Zelfs tal van leden van de Algerijnse oppositie beschouwen hem als 'de man van de laatste kans', omdat hij ogenschijnlijk voor een dubbele aanpak heeft gekozen: ongenadige strijd tegen de fundamentalistische guerrilla, maar tegelijk ook 'dialoog met alle politieke krachten, met inbegrip van de leiders van het FIS'.

*Generaal Mohammed Lamari*

Geldt vandaag in Algerije als de sterke man bij uitstek. En dat is niet zo verwonderlijk. Hij volgde generaal Zeroual op als stafchef van het leger en leidt sinds 1993 eigenhandig de speciale antiterroristische eenheden, die zich zoals bekend allesbehalve als doetjes gedragen. Mohammed Lamari staat bekend als een van de radicaalste *éradicateurs* (voorstanders van de volledige uitroeiing van de fundamentalistische guerrilla, zonder enig compromis en vooral zonder veel gezeur en gedebatteer). Hij is dan ook een van de hardnekkigste tegenstanders van elke dialoog met de fundamentalisten.
Lamari werd in 1933 in Algiers geboren en nam aan de onafhankelijkheidsoorlog deel als officier van het ALN. Na de onafhankelijkheid behaalde hij zijn militaire diploma's aan de Militaire Academie van Moskou en de Ecole de Guerre in Parijs. Net zoals generaal Liamine Zeroual heeft hij de reputatie

een 'echte militair' te zijn. Generaal Lamari is een man van het terrein, staat zeer dicht bij zijn manschappen – in het bijzonder die van zijn speciale antiterreureenheden. In tegenstelling tot zo vele andere hoge officieren heeft hij lak aan de jetset van Algiers, protocol is aan hem niet besteed, luxueuze villa's evenmin.

## De politicus

*Abdelhamid Mehri*

Toen het FLN in Algerije nog stevig in het zadel zat en onder president Chadli Bendjedid de FLN-nomenklatoera zich zonder scrupules te buiten kon gaan aan corruptie en vriendjespolitiek, behoorde Abdelhamid Mehri tot de directe entourage van de president. Zijn dochter is trouwens gehuwd met de zoon van de voormalige president. Het was Chadli Bendjedid in hoogst eigen persoon die Abdelhamid Mehri benoemde tot secretaris-generaal van het FLN, zonder dat daar een partijcongres aan te pas hoefde te komen. De huidige secretaris-generaal van het FLN werd in 1927 geboren in de streek van Constantine en is beroepshalve hoogleraar Arabische literatuur. Voor de onafhankelijkheid was hij ambassadeur van het FLN in de Syrische hoofdstad Damascus. Hij was ook een tijdlang minister binnen de GPRA (de voorlopige revolutionaire regering van het FLN ten tijde van de onafhankelijkheidsoorlog). In 1979 werd hij lid van het centraal comité van het FLN, was een tijd minister van Informatie en Cultuur en ambassadeur in Parijs.
Vandaag zit Mehri in een bijzonder oncomfortabele positie: hij staat aan het hoofd van het FLN, dat in de oppositie zit, terwijl de echte machthebbers van het ogenblik allemaal voormalige partijvrienden van hem zijn.
Abdelhamid Mehri is tegen de harde aanpak van het Algerijnse leger en voor de dialoog met het FIS. Het is een publiek ge-

heim dat het FLN vooralsnog hoopt een belangrijk deel van de kiezers van het FIS bij komende verkiezingen voor zich te winnen. In 1991 protesteerde hij tegen de opschorting van de verkiezingen. Op 13 januari 1995 ondertekende hij voor het FLN de gezamenlijke platformtekst van acht oppositiepartijen, die in Rome tijdens de zogenaamde Sant'Egidio-conferentie werd uitgewerkt.

*Hocine Aït Ahmed*

Deze historische leider van de Algerijnse onafhankelijkheidsstrijd werd in 1956 samen met Ahmed Ben Bella, Mohammed Boudiaf en Mohammed Khider door de Franse geheime dienst op spectaculaire wijze gevangen genomen. Hun vliegtuig werd in volle vlucht gekaapt en gedwongen koers te zetten naar Parijs, waar de vier FLN-leiders tot op het einde van de oorlog in de gevangenis zouden blijven. Vandaag is Hocine Aït Ahmed voorzitter van het FFS (Front des Forces Socialistes) en in die hoedanigheid ondertekende hij het platform van Rome.
Hocine Aït Ahmed werd in 1926 in Groot-Kabylië geboren. Zijn FFS is ook vandaag nog voornamelijk een Berberpartij. Op 17-jarige leeftijd sloot hij zich aan bij de PPA van Messali Hadj. In 1954 behoorde hij tot de groep van 33 radicale militanten, die het FLN oprichtten en de gewapende opstand begonnen.
Een jaar na de onafhankelijkheid kwam Aït Ahmed openlijk in aanvaring met de toenmalige sterke man van het FLN en eerste president van Algerije, Ahmed Ben Bella. Hij scheurde zich van het FLN af en stichtte het FFS. Hij werd gearresteerd en ter dood veroordeeld, maar kreeg uiteindelijk gratie. In 1966, enkele maanden na de staatsgreep van kolonel Houari Boumedienne tegen Ben Bella, slaagde Aït Ahmed erin te ontsnappen. Na 23 jaar ballingschap keerde hij in 1989 naar Algerije terug. Bij de parlementsverkiezingen van december 1991 werd zijn partij de op een na grootste van het land, ver achter het FIS, maar voor het FLN.

Hocine Aït Ahmed was tegen de opschorting van de verkiezingen gekant, veroordeelde de militaire dictatuur en pleit vandaag voor een dialoog met de fundamentalisten: 'de enige manier om de huidige slachtpartijen een halt toe te roepen'. Na de moord op president Mohammed Boudiaf op 29 juni 1992 vertrok hij opnieuw in ballingschap. In zijn thuisbasis Kabylië krijgt het FFS echter steeds meer tegenwind van het RCD (Rassemblement pour la Culture et la Démocratie) van Saïd Sadi.

*Ahmed Ben Bella*

De eerste president van het onafhankelijke Algerije heeft een stormachtige loopbaan achter de rug, maar vindt van zichzelf dat zijn politieke rol nog niet is uitgespeeld. Ahmed Ben Bella werd in 1916 geboren en was een van de zes historische leiders van het FLN tijdens de onafhankelijkheidsoorlog. Na de putsch van Boumedienne in 1965 werd president Ben Bella aan de dijk gezet. Hij belandde in de gevangenis en zou pas in 1980 weer op vrije voeten komen. Hetzelfde jaar vertrok hij in ballingschap naar Zwitserland, waar hij zijn eigen partij oprichtte: de MDA (Beweging voor Democratie in Algerije), die vanaf het begin een stevig flirtpartij opzette met de fundamentalisten. Ben Bella zocht ook toenadering tot het buurland Marokko, een aartsrivaal van Algerije, en veroordeelde de Algerijnse steun aan het Polisariofront, dat vecht voor de onafhankelijkheid van de door Marokko bezette Westelijke Sahara. In 1990 mocht Ben Bella heel even weer van zijn oude glorie proeven. Bij zijn terugkeer naar Algiers werd hij stormachtig verwelkomd. Een jaar later was het feestgedruis verstomd. Bij de eerste ronde van de verkiezingen behaalde zijn MDA geen enkele zetel. Ook Ben Bella ondertekende het platform van Rome. Maar de meeste andere oppositiepartijen blijven hem wantrouwen om zijn verleden (hij was en blijft de grondlegger van de autoritaire FLN-staat) en om zijn dubbelzinnige houding ten opzichte van de fundamentalisten.

*Saïd Sadi*

Deze voormalige militant van het FFS, psychiater, medebezieler van de 'Berberlente' van 1980 wordt in Kabylië stilaan een geduchte rivaal van de oude historische leider Hocine Aït Ahmed. Saïd Sadi werd in 1949 geboren in de buurt van Tizi-Ouzou. Op jeugdige leeftijd al begon hij te militeren tegen de eenpartijstaat van het FLN en voor de culturele rechten van de Berbers. Dat leverde hem in totaal 3 jaar cel op. In 1989 richtte Saïd Sadi de nieuwe Berberpartij RCD (Rassemblement pour la Culture et la Démocratie) op. Laïcisme, antifundamentalisme, democratie en verdediging van de Berbercultuur en -identiteit zijn de grote programmapunten. Het is duidelijk dat de RCD zijn achterban onder de Berbers in Kabylië heeft en geen grote aanhang heeft in de rest van Algerije. Dat bleek bij de verkiezingen van 1991, toen de RCD er niet in slaagde een zetel te veroveren. De partij van Saïd Sadi is radicaal tegen het fundamentalisme gekant en dus ook tegen een dialoog met het FIS, dat hij bestempelt als een stel 'fanatici van het totalitarisme, die slechts één doel hebben: de oprichting van een islamitische staat'.

In 1990 en 1991 werden verscheidene meetings van de RCD door met stokken en ijzeren staven gewapende FIS-aanhangers (soms opereerden ze met tweehonderd tegelijk) brutaal uit elkaar geslagen. Vandaag organiseert de RCD in Kabylië gewapende zelfverdedigingsmilities tegen de fundamentalistische terreur.

Veel wijst er niettemin op dat de RCD van Saïd Sadi steeds meer aanhang krijgt onder de Algerijnse intellectuelen, die door de gewapende fundamentalisten genadeloos vervolgd en monddood gemaakt worden. Tekenend hiervoor was de erg lovende uitspraak van de bekende Algerijnse schrijver Rachid Boudjedra in een gesprek met het Franse weekblad *Le Nouvel Observateur* van 19 januari 1995. Gevraagd naar wat hij van het platform van Rome verwachtte, antwoordde hij laconiek: 'Niets. Om zijn corruptie te verbergen kan het FLN maar overeenstemming bereiken met wie nog corrupter is. Het FLN is de vader van het FIS. Wat het FFS betreft, die partij zal snel worden opgevreten door de twee andere fronten, het FIS en het FLN. De echte breuk zal zich maar voltrekken dankzij Saïd Sadi en de authentieke democraten, die van het Algerijnse volk niets hebben gestolen.'

## De fundamentalistische tribuun

*Abbassi Madani*

De nummer één van het verboden fundamentalistische FIS werd in 1931 geboren in de streek van Biskra. Abbassi Madani bezocht in zijn prille jeugd een koranschool. Tijdens de onafhankelijkheidsoorlog zat hij zeven jaar in de gevangenis. Na de onafhankelijkheid zette hij zijn studies voort en verbleef daarvoor lange tijd in Groot-Brittannië, waar hij zijn doctoraat in de filosofie beëindigde. Zijn doctoraatsthesis *Muchkilât tarbawiya fi al-bilâd al-islamiya* handelde over problemen van onderwijs en opvoeding in de islamitische landen. Aan zijn langdurig verblijf in Groot-Brittannië hield hij een Britse echtgenote over. Madani beschouwt zichzelf als de erfgenaam van de Vereniging van de Oelema's (de doctoren van de koran) van sjeik Ben Badis. 'Algerije is ons vaderland, het Arabisch onze taal, de islam onze godsdienst', zo luidde de lijfspreuk van Ben Badis. Wat niet belette dat de oelema's zich tijdens de Franse kolonisatie bijzonder gematigd opstelden. Hun deelneming aan de onafhankelijkheidsoorlog was te verwaarlozen, wat hen na de onafhankelijkheid trouwens heel wat problemen met de nieuwe heersers van het FLN bezorgde. Na zijn terugkeer in Algerije werd Abbassi Madani docent aan de faculteit menswetenschappen. En het was vanuit de universiteit dat hij stilaan zijn machtsbasis trachtte op te bouwen. En dat werd een traag en zeer langdurig proces. Ten tijde van Boumedienne (juni 1965- december 1979) werd de fundamentalisten zonder meer het zwijgen opgelegd en kregen ze geen voet aan de grond. Een eerste poging in die richting mislukte trouwens. Midden jaren '70 was de universitaire campus een politiek broeinest. Onder impuls van de communisten van de PAGS, die de UNEA (Nationale Unie van Algerijnse Studenten) en de UNJA (Nationale Unie van de Algerijnse Jeugd) sterk domineerden, kende de universiteit van Algiers (met enkele jaren vertraging op mei '68 in Parijs) ook haar radicalisering van de studenten. De fundamentalisten trachtten deze 'verderfelijke, linkse en uit het buitenland ingevoerde' invloeden tegen te gaan, maar met weinig of geen succes. De Iraanse revolutie van 1979 moedigde ook de Algerijnse fundamentalisten aan. De periode 1980-1982 werd een eerste echte doorbraak. In 1982 organiseerden zij een meeting aan de universiteit in Algiers met 20 000 deelnemers. 'Abbassi Madani is een van de volksmenners', zo noteerden de leden van de Algerijnse politie, die de meeting angstvallig in de gaten hield. Madani ontpopte zich vanaf toen als een ijverige puritein en moraalridder: afschaffing van de gemengde scholen, verbod op alcohol en totale arabisering waren zijn stokpaardjes.

Buiten zijn thesis heeft Madani nooit veel geschreven, maar hij heeft wel veel toespraken gehouden, die in de moskeeën op cassettes werden verdeeld. De absolute overheersing van de islamitische godsdienst en moraal over alle domeinen van het maatschappelijk leven is steeds het leidmotief geweest van Madani. Een volledig verbod op gemengde en vooral laïcistische scholen is voor hem een van de essentiële grondslagen van de maatschappij. 'Achterstand van de islamitische beschaving' is een ander kernbegrip bij Abbassi Madani. En daar bedoelt hij dan mee dat de westerse culturele invloed – met het laïcisme als belangrijkste uitdrukkingsvorm – de islamitische cultuur heeft overspoeld. Tot enige coherente politieke analyse is Madani nooit in staat geweest. Zijn toespraken waren steeds een mengelmoes van op de eerste plaats godsdienst en moraal, dan politiek en soms een vleugje economie

en sociologie.
De invloed van de fundamentalisten vertrok van de universitaire campus, deinde uit via de 'vrije moskeeën' (die gebouwd werden met het geld van de gelovigen – de meesten straatarm, maar sommigen waanzinnig rijk) en bereikte de volkswijken dankzij een ingenieus netwerk van liefdadigheidsinstellingen. En hierin speelde Abbassi Madani een eersterangsrol. Hij stond aan het hoofd van talloze liefdadigheidsverenigingen, die miljoenen beheerden van giften van minderbedeelde en van goedbedeelde Algerijnen (onder de sympathisanten bevonden zich nogal wat trabendisten of zwarthandelaren, die in Algerije een parallelle economie uit de grond hebben gestampt met een miljardenomzet) en uiteraard ook van de vrienden-geloofsgenoten uit Saoedi-Arabië. Die steun verloor het FIS in 1991 toen het onder druk van de straat de kant moest kiezen van Saddam Hoessein tijdens de Golfoorlog. Dankzij de miljoenen van zijn caritatieve instellingen kan professor Madani overigens samen met zijn Britse echtgenote en zijn zes kinderen vrij behoorlijk leven: villa's in Tipasa, Biskra en Hydra; knusse gezinsauto van het merk Mercedes. (Het andere Duitse luxe-merk BMW is geliefd bij de FLN-nomenklatoera; rijke fundamentalisten zijn gek op Mercedes.) Na de opstanden van oktober 1988 en de overstap van president Chadli Bendjedid van het eenpartij- naar het meerpartijenstelsel achtte Abbassi Madani zijn tijd gekomen. Via zijn inmiddels officieel erkende partij FIS werd hij de onbetwiste leider van het fundamentalistische kamp. Het FIS won afgetekend de eerste ronde van de verkiezingen in december 1991, ook al zat de grote leider sinds juli 1991 in de gevangenis. Het jaar erop kreeg hij 12 jaar gevangenisstraf. Sinds september 1994 leeft hij onder huisarrest.

*Ali Benhadj*

Ook al kan men bezwaarlijk stellen dat Abbassi Madani een groot theoreticus is, voor de nummer twee van het FIS, Ali

Benhadj, geldt dat nog minder. Hij bracht het ooit tot onderwijzer in een volksschooltje, maar werd later wel een beroemdheid als imam, die met zijn hysterische en hetzerige donderpreken (waarbij hij soms zelfs in trance ging) tienduizenden jongeren wist aan te spreken. Benhadj zou de zoon kunnen zijn van Madani. Hij werd in 1956 geboren in Tunis in een gezin van Algerijnse vluchtelingen. Zijn vader sneuvelde later in de oorlog. Na de onafhankelijkheid bracht Ali Benhadj als weesjongen zijn jeugd door in de volkswijk Bab el Oued in Algiers. Hij werd onderwijzer en fundamentalist tot in zijn laatste vezels. Hij ontpopte zich als een radicale pleitbezorger van de gewapende strijd tegen het 'goddeloze' FLN-regime. En dat leverde hem in 1983 4 jaar cel op. Na zijn vrijlating werd hij imam, die de moskeeën van Bab el Oued, Kouba en andere verpauperde volkswijken in vuur en vlam zette.
Verkiezingen zijn voor hem geen aflossing van de wacht, ze zijn het middel bij uitstek om eens en voor altijd de islamitische staat te stichten en de sharia in te voeren. 'Als we deze verkiezingen winnen,' zei Benhadj in 1991, 'zullen het de eerste en de laatste geweest zijn.' In 1992 werd hij samen met Abbassi Madani tot 12 jaar cel veroordeeld. Ook hij leeft sinds september 1994 onder huisarrest. De officiële woordvoerders van Abbassi Madani en Ali Benhadj in het buitenland, Rabah Kebir (ballingsoord Duitsland) en Annouar Haddam (ballingsoord Verenigde Staten) ondertekenden op 13 januari 1995 in Rome het platform van de verenigde Algerijnse oppositie. In de platformtekst werd 'het gebruik van geweld om aan de macht te komen of de macht te behouden' formeel veroordeeld. Ali Benhadj heeft steeds geweigerd afstand te nemen van de aanslagen van de gewapende fundamentalistische groepen GIA en AIS.

## De vakbondsleider

*Abdelhak Benhamouda*

Ten tijde van het FLN-bewind was de UGTA (Union générale des travailleurs algériens) de machtigste, want eenheidsvakbond in Algerije. Dat is de UGTA ook vandaag nog, ondanks alle pogingen van de fundamentalisten om een volwaardige (islamitische) tegenhanger uit de startblokken te krijgen. Abdelhak Benhamouda (geboren in 1949) is secretaris-generaal van de UGTA en een radicale tegenstander van het FIS en zijn gewapende milities. In 1991 was hij medeoprichter van het Comité national pour la Sauvegarde de l'Algérie (Nationaal Comité voor het Behoud van Algerije), dat de strijd had aangebonden tegen het FIS en de overheid en opriep de tweede ronde van de verkiezingen van december 1991 te annuleren. Onder zijn impuls werd de UGTA een van de drijvende krachten achter de strijd tegen de fundamentalisten en tegen de acuut dreigenden oprichting van een islamitische staat. De UGTA zweert bij het laïcisme. Bij de talloze anti-FIS-betogingen van de afgelopen jaren (waarin vaak tienduizenden mensen opstapten in Algiers en elders in het land) vielen steeds twee grote deelnemersblokken op: vrouwen en vakbondsleden van de UGTA. In Algerije worden de geruchten steeds sterker dat bij mogelijke presidentsverkiezingen UGTA-baas Benhamouda een van de kandidaten zal zijn.

Voor een aantal van deze biografische gegevens konden we een beroep doen op twee uitstekende, recente werken:

Benjamin Stora, *Histoire de l'Algérie depuis l'indépendance*, La Découverte, Parijs 1994.

Abed Charef, *Algérie: le grand dérapage*, Editions de l'Aube, 1994.

## *Bijlage 2*
## Lijst van afkortingen

AIS Armée islamique du salut (Islamitisch Heilsleger)
ALN Armée de libération nationale (Nationaal Bevrijdingsleger)
AMP Amis du manifeste et de la liberté (Vrienden van het Manifest en de Vrijheid)
BEN Bureau exécutif national
ENA Etoile nord-africaine (Noordafrikaanse Ster)
FFS Front des forces socialistes (Front van Socialistische Krachten)
FIS Front islamique du salut (Islamitisch Heilsfront)
FLN Front de libération nationale (Nationaal Bevrijdingsfront)
GIA Groupe islamique armé (Gewapende Islamitische Groep)
GPRA Gouvernement provisoire de la république algérienne (Voorlopige Regering van de Algerijnse Republiek)
HCE Haut Comité d'Etat (Hoog Comité van de Staat)
MAJD Mouvement algérien pour la justice et le développement (Algerijnse Beweging voor Rechtvaardigheid en Ontwikkeling)
MDA Mouvement pour la démocratie en Algérie (Beweging voor de Democratie in Algerije, Ben Bella)
MIA Mouvement islamique armé (Gewapende Islamitische Beweging)
MNA Mouvement national algérien (Algerijnse Nationale Beweging, Messali Hadj)
MTLD Mouvement pour le triomphe des libertés démocratiques (Beweging voor de Triomf van de Democratische Vrijheden, Messali Hadj)
OAS Organisation de l'armée secrète (Organisatie van het Geheime Leger)
OS Organisation spéciale (Bijzondere Organisatie)
PAGS Parti de l'avant-garde socialiste (Partij van de Socialistische Voorhoede, ex-PCA)

PCA Parti communiste algérien (Algerijnse Communistische Partij)
PCF Parti communiste français (Franse Communistische Partij)
PPA Parti du peuple algérien (Partij van het Algerijnse Volk, Messali Hadj)
PS Parti socialiste (Franse Socialistische Partij)
PT Parti des travailleurs (Louisa Hanoune, trotskisten)
RCD Rassemblement pour la culture et la démocratie (Verbond voor de Cultuur en de Democratie, Saïd Sadi)
SFIO Section française de l'internationale ouvrière (Franse afdeling van de Arbeidersinternationale, Franse PS in de jaren '50)
UDMA Union démocratique du manifeste algérien (Democratische Unie van het Algerijnse Manifest, Ferhat Abbas)
UGTA Union générale des travailleurs algériens (Algemene Unie van Algerijnse Arbeiders)
UNEA Union nationale des étudiants algériens (Nationale Unie van Algerijnse Studenten)
UNJA Union nationale de la jeunesse algérienne (Nationale Unie van de Algerijnse Jeugd)

## Bijlage 3
## Het organigram van het FIS

**Stichters:**
Abbassi Madani (voorzitter)
Ali Benhadj (vice-voorzitter)
sjeik al-Hachemi Sahnouni
Benazouz Zabda (directeur van het partijblad *al-Munqid*)
Abdelkader Hachani (voorlopige voorzitter na de arrestatie van Madani en Benhadj, werd later op zijn beurt aangehouden)

Zij zijn de belangrijkste verantwoordelijken binnen het Nationaal Uitvoerend Bureau (Bureau exécutif national): de centrale leiding, die beslist over alle partijactiviteiten.

**Majlis al-sjoera (adviserende raad)**
Hoogste beslissingsorgaan van het FIS (in juni 1991 telde de raad 38 leden, die bij unanimiteit beslissingen moeten nemen).

|

**Voorlopig uitvoerend bureau**
Een tiental leden onder leiding van Abdelkader Hachani vormen hier het dagelijks bestuur van het FIS.

|

**Vrouwelijk uitvoerend bureau**
(heeft geen enkele beslissingsmacht)

|

**Nationale commissies**

- Commissie buitenlandse politiek en buitenlandse betrekkingen (geleid door Rabah Kebir)
- Commissie opvoeding en vorming
- Commissie organisatie en coördinatie
- Departement informatie en audiovisuele middelen (geleid door Abderrazak Redjem)
- Commissie van predikanten (geleid door Yeklef Cherati)

**Uitvoerende bureaus van de 48 wilayas (departementen)**

- Beweging van Jonge Islamisten (al-Fityan al-Islamiyyun)
- Liga van Islamistische Universitairen en Intellectuelen
- Islamitische Vakbond van de Arbeid (in de sectoren onderwijs en opvoeding, telecommunicatie, toerisme, transport, gezondheid, sociale zaken, industrie, energie, chemische en petrochemische nijverheid)
- Vereniging van Kinderen van Martelaren (choehoeda's)

**Uitvoerende gemeentelijke bureaus**
(in 856 gemeenten en steden)

Telkens met vijf gemeentelijke commissies:

commissie organisatie en coördinatie
commissie opvoeding
commissie sociale zaken
commissie planning en programmatie
commissie informatie

**Familiale 'cellen'**

netwerk van liefdadigheidsinstellingen

noodhulp aan behoeftigen

raden voor huwelijksadvies

wijkcomités (al-ahya)

scholen

moskeeën

islamitische soeks (markten)

## Noten

**Hoofdstuk 1**

1. Bernard Droz en Evelyne Lever, *Histoire de la guerre d'Algérie*, Seuil, Parijs 1982, pp. 14.
2. Jean-Paul Sartre, *Le colonialisme est un système*, *Les Temps Modernes*, nr. 137-138, juli-augustus 1957. Dit essay werd opgenomen in de bundel van Jean-Paul Sartre, *Kolonialisme en neo-kolonialisme*, Kritiese Bibliotheek De Bezige Bij, Amsterdam 1970.
3. Mohammed Harbi, *Le FLN mirage et réalité: des origines à la prise du pouvoir* (1945-1962), Editions Jeune Afrique, Parijs 1980.
4. Zie hierover hoofdstuk 3.
5. Bernard Droz en Evelyne Lever, *op. cit.*, pp. 62.
6. Jean Lacouture, *Algérie: la guerre est finie*, Editions Complexe, Brussel 1985, pp. 11.
7. Bernard Droz en Evelyne Lever, *op.cit.*, pp. 324-325.
8. Mohammed Harbi, *op.cit.*, pp. 7-8. Zie ook Mohammed Harbi, *Aux racines historiques de la crise*, in *Le Maghreb face à la contestation islamiste*, in *Le Monde Diplomatique*, *Manière de voir*, nr. 24, Parijs, november 1994.

**Hoofdstuk 2**

1. Hafid Keramane, *De Pacificatie: zwartboek over zes jaar oorlog in Algerije*, serie Menselijke Documenten, H.J. Paris, Amsterdam 1960, pp. 18-19.
2. Pierre Vidal-Naquet, *La torture dans la République*, Maspéro, Parijs 1983, pp. 45. Dit boek werd in 1963 gepubliceerd onder de titel *Torture: cancer of Democracy*, Penguin Books, Harmondsworth. Pas in 1972 werd het in Frankrijk uitgegeven door Les Editions de Minuit.
3. *Libération*, 12 februari 1985.
4. *Vérité-Liberté*, nr. 20, juni-juli 1962, geciteerd door Pierre

Vidal-Naquet, *op.cit.*, pp.72.
5. *Libération*, 15 februari 1985.

**Hoofdstuk 3**
1. Jean L. Doneux en Hugues Le Paige, *Le Front du Nord: des Belges dans la guerre d'Algérie* (1954-1962), Pol-His, Politique & Histoire, RTBF Edition, Brussel 1992, pp. 55.
2. Marcel Liebman, *Les juifs devant le problème algérien*, Les Temps Modernes, Parijs april 1961.
3. Zie hierover hoofdstuk 7.
4. Jean L. Doneux en Hugues Le Paige, *op.cit.*, pp. 173.
5. Hervé Hamon en Patrick Rotman, *Les porteurs de valises, la résistance française à la guerre d'Algérie*, Albin Michel, Parijs 1981, pp. 25-26.
6. *L'Humanité*, 19 maart 1947.
7. Ali Haroun, *La 7e Wilaya: la guerre du FLN en France* (1954-1962), Seuil, Parijs 1986, pp. 292.
8. Marc De Kock, Serge Moureaux, André Merchie en Mourad Oussedik, *Les extraditions d'Algériens ou le chemin de la guillotine*, Brussel 1960, pp. 95.
9. Jean L. Doneux en Hugues Le Paige, *op.cit.*, pp. 130-131.
10. Jean L. Doneux en Hugues Le Paige, *op.cit.*, pp. 153.

**Hoofdstuk 4**
1. Op 14 maart 1972 werd het totaal verhakkelde lijk van uitgever Giangiacomo Feltrinelli ontdekt in de buurt van Milaan onder een hoogspanningsmast. De Italiaanse linkerzijde beschuldigde onmiddellijk 'bepaalde afdelingen' van de Italiaanse geheime diensten van de moord op Feltrinelli. Maar spoedig doken in de Italiaanse pers de eerste berichten op dat Feltrinelli bij een mislukte bomaanslag tegen de hoogspanningsmast om het leven zou zijn gekomen. De precieze omstandigheden van Feltrinelli's dood zijn nooit opgelost. Maar in 1993 bevestigde een oude vertrouweling

van Feltrinelli, Renato Curcio, de oprichter van de beruchte Italiaanse stadsguerrillagroep Rode Brigades, dat Feltrinelli inderdaad was omgekomen toen de bom, die bij de aanslag zou worden gebruikt, vroegtijdig afging. (Renato Curcio, *A visage découvert, entretiens avec Mario Scialoja*, Lieu Commun, Edima, Parijs 1993, pp. 72-73)
2. *L'Unita*, 10 september 1960.
3. Francis Jeanson, *La Révolution algérienne, problèmes et perspectives*, Feltrinelli Editore, Milaan 1962, pp. 15.
4. Francis Jeanson, *op.cit.*, pp. 19.
5. Ahmed Mahsas, *L'autogestion en Algérie*, Editions Anthropos, Parijs 1975, pp. 19-20.
6. Abdellatif Benhachenhou, *Planification et développement en Algérie*: 1962-1980, CREA, Algiers 1980, pp. 5-6.
7. Abdellatif Benhachenhou, *Formation du sous-développement en Algérie*, OPU, Algiers 1978, pp. 9-10.
8. Francis Jeanson, *op.cit.*, pp. 63-64.
9. *Textes fondamentaux du Front de Libération Nationale* (1954-1962), '*La platforme de la Soummam*', Ministerie van Informatie en Cultuur, Algiers 1979, pp. 28-29.
10. Francis Jeanson, *op.cit.*, pp. 65.
11. Francis Jeanson, *op.cit.*, pp. 77.
12. Smaïl Goumeziane, *Le Mal algérien – Economie politique d'une transition inachevée* 1962-1994, Fayard, Parijs 1994, pp. 34.
13. Pierre Thonon, *Distrigate? Waterclaes?*, in *Pourquoi Pas?*, 23 december 1982, pp. 15-16.
14. Smaïl Goumeziane, *op.cit.*, pp. 35-36.
15. Abdedellatif Benachenhou, *Planification et développement en Algérie*: 1962-1980, CREA, Algiers 1980, pp. 30-31.
16. Smaïl Goumeziane, *op.cit.*, pp. 58-59.
17. Smaïl Goumeziane, *op.cit.*, pp. 63.
18. Smaïl Goumeziane, *op.cit.*, pp. 71.
19. IMF, Press Release 94/37, Washington, 27 mei 1994.
20. *Libération*, 24 juli 1995.
21. Ahmed Henni, *Qui a légalisé quel trabendo?*, in *El Moudjahid*, 11 en 14 oktober 1990.

**Hoofdstuk 5**

1. Front de Libération Nationale, *Charte Nationale*, Algiers 1976, pp. 21.
2. Mohammed Harbi, *Aux racines historiques de la crise*, in *Le Maghreb face à la contestation islamiste*, in *Le Monde Diplomatique, Manière de voir*, nr. 24, Parijs november 1994, pp. 34.
3. Assia Djebar, *De schaduwkoningin*, De Geus, Breda en EPO, Berchem 1991; *Ver van Medina. Dochters van Ismaël*, De Geus, Breda en EPO, Berchem 1993.
4. De eerste van haar twee langspeelfilms werd in 1972 gedraaid. *La Nouba des femmes du mont Chenouna* werd tijdens het filmfestival van Venetië bekroond met de prijs van de internationale kritiek.
5. Rachid Mimouni, *De la barbarie en général et de l'intégrisme en particulier*, Belfond Le Pré aux Clercs, Parijs 1992, pp. 29. Dit boek werd in het Nederlands vertaald onder de titel *De bastaarden van de profeet. De gevaren van het islamitisch fundamentalisme*, Uitgeverij Thoth, Bussum 1992.
6. *Loi numéro 84-11 du 9 juin portant code de la famille*, in *Journal Officiel de la République Algérienne*, Imprimerie Officielle, Algiers 12 juni 1984.
7. Rachid Mimouni, *op.cit.*, pp. 37.
8. Lahouari Addi, *De la permanence du populisme algérien*, in *Peuples Méditerranéens - Mediterranean Peoples*, nr. 52-53, juli-december 1990, pp. 37-46.

**Hoofdstuk 6**

1. Ghania Samai-Ouramdane, *Le front islamique du salut à travers son organe de presse al-Munqid*, in *Algérie vers l'Etat islamique?*, in *Peuples Méditerranéens*, nr. 52-53, Parijs juli-december 1990, pp. 155.
2. Abderrahim Lamchichi, *L'islamisme en Algérie*, Editions L'Harmattan, Parijs 1992, pp. 102.
3. *Atlas mondiale de l'islamisme activiste*, Editions de la Table ronde, Parijs 1991, pp. 50. In maart 1992 beweerde het FIS over

2 miljoen aanhangers te beschikken.
4. François Burgat, *The political transition in Algeria: elements for an analysis*, Middle East Research Associates, (MERA), nr. 23, Amsterdam oktober 1994, pp. 14.
5. Sharq al-Aswat, 26 maart 1991, geciteerd in *Monde arabe Maghreb-Machrek*, nr. 133, juli-september 1991, La documentation française, Parijs, pp. 107.
6. Ghania Samai Ouramdane, op.cit., pp. 155
7. Ahmed Rouadjia, *Doctrine et discours du cheikh Abbassi Madani*, in "*algérie vers l'Etat islamique?*, in *Peuples méditerranéens*, nr. 52-53, Parijs, juli-december 1990, pp. 173.
8. François Burgat en Jean Lecau, *La mobilisation islamiste et les élections de juin 1990*, CNRS-CEDEJ Etudes, La documentation française, 1990, pp. 7.
9. Ahmed Rouadjia, *Les frères et la mosquée*, Editions Karthala, Parijs 1990, pp. 19. Aissa Khelladi, *Les islamistes algériens face au pouvoir*, Editions Alfa, Algiers 1992, pp. 29.
10. Aissa Khelladi, *Algérie: les groupes islamistes armés*, in Confluences *méditerranéennes: géopolitique des mouvements islamistes*, Editions L'Harmattan, 1994, nr.12.
11. François Burgat, *op.cit.*, pp. 16.

**Hoofdstuk 7**

1. Bruno Callies de Salies, *Persistante impasse militaire en Algérie*, in *Le Monde Diplomatique*, maart 1995.
2. *Le Nouvel Observateur/El Watan*, 19-25 januari 1995.
3. *Libération*, 28 december 1994.
4. Het platform van Rome werd op 13 januari 1995 ondertekend door de Algerijnse Liga voor de Verdediging van de Rechten van de Mens (Abdenour Ali Yahia), het FLN (Abdelhamid Mehri), het FFS (Hocine Aït Ahmed en Ahmed Djeddaï), het FIS (Rabah Kebir en Annouar Haddam), de MDA (Beweging voor Democratie in Algerije van Ahmed Ben Bella en Khaled Bensmaïn), de kleine trotskistische Partij van de Arbeiders (Louiza Hanoune) en de twee

islamitische partijen Ennadha (Abdallah Djaballah) en Voor een Hedendaags Islamitisch Algerije, (dat vertegenwoordigd werd door Ahmed Ben Mohammed).

5. De integrale tekst van het platform van Rome werd gepubliceerd door de Algerijnse krant *El Watan* (13-14 januari 1995) en overgenomen door *Le Monde Diplomatique*, maart 1995.

6. Met de *Verklaring van 1 november 1954* riep het FLN destijds op tot de gewapende opstand.

7. Tamazight is de officiële benaming voor de Berbertaal.

8. *Libération*, 28-29 januari 1995.

9. *Libération*, 7 februari 1995.

10. *Der Spiegel*, 16/1995, 17 april 1995.

11. *Libération*, 31 maart 1995.

12. *Libération*, 8 juni 1995.

13. Rachid Mimouni, *De la barbarie en générale et de l'intégrisme en particulier*, Belfond, Le Pré aux Clercs, 1992, pp. 152-153. Dit boek verscheen bij de Nederlandse uitgeverij Thoth in 1992 onder de titel *De bastaarden van de profeet. De gevaren van het islamitisch fundamentalisme*. In 1994 verscheen van hem bij dezelfde uitgeverij de picareske roman *De Vloek*, waarin de huidige gebeurtenissen in Algerije hun beslag krijgen.

14. *Le Nouvel Observateur/El Watan*, 19-25 juli 1995.

15. *Le Nouvel Observateur*, 3 augustus 1995.

16. *Libération*, 22 augustus 1995.

## Register